엄마리딩

엄마리딩

초판 1쇄 발행   2020년 1월 20일

지은이   홍보라
출판기획   경원북스
등록   2018년 3월 27일 (제307-2018-15호)
펴낸곳   경원출판사(경원북스)
주소   서울시 중구 퇴계로 44길 11 문화빌딩 204호
전화   02-2285-3999
팩스   02-6442-0645
인쇄   두경엠앤피
이메일   kyoungwonbooks@gmail.com

ISBN 979-11-89953-06-5 (03330)
정가 13,000원

이 도서의 국립중앙도서관 출판예정도서목록(CIP)은 서지정보유통지원시스템
홈페이지(http://seoji.nl.go.kr)와 국가자료공동목록시스템(http://www.nl.go.kr/
kolisnet)에서 이용하실 수 있습니다.(CIP제어번호: CIP2020000199)

엄마 리딩

아이를 키우며
비로소
책과 만나다

홍보라 지음

경원북스

엄마는 오늘도 책을 읽고 한 뼘 성장했다

결혼 전에는 책 한 권 읽지 않았다. 임신인 걸 확인하고 육아백과사전으로 독서 아닌 독서를 시작했다. 대학을 졸업하고 사회에 나와 능력을 발휘하며 살았다. 결혼 후 육아라는 틀에 갇혔을 때 내 능력은 아무런 쓸모가 없었다. 엄마가 되면 육아와 교육에 목숨을 건다. 자신의 능력을 쓸 데가 없으니 더 목을 맨다. 나도 그랬다. 애쓰고 잘한다고 생각했지만, 현실은 부정 덩어리였다.

매일 반복되는 화와 분노, 아이의 울음. 신랑은 바람처럼 스쳐갔다. 나 혼자 모든 것을 책임지고 해결하려 했다. 답답하고 힘들 때마다 육아서를 봤다. 방법과 해법을 찾아 현실에 적용했다. 하루 이틀은 잘되는가 싶다가도 며칠 안 가 아이도 울고 나도 우는 상황이 펼쳐졌다.

그래도 항상 아이 곁을 지켰다. 아이에게 무엇인가 해줘야 한다 여겼다. 아이가 엄마 품에 머무는 시간이 줄어들자 내 인생에 대한 두려움과 불안함이 엄습했다. 아이와의 분리가 필요한 시점이었다. 혼자 TV를 보거나 스마트폰을 보며 시간을 보냈다. 내면에 채워짐이 없었다. 공허함에 허덕였다. 의미 있는 삶을 살고 싶었다. 의식적으로 식탁에 앉아 책을 폈다. 아이와 분리하는 연습을 시작했다. 우울한 엄마라는 삶에 새로운 희망을 품고 싶었다.

돌이켜보니 아이에겐 책을 읽어주면서 정작 나를 위한 책 읽기는 하지 않았다. 그래서 내 삶에서 책이 내려앉도록 애썼다. 그전에는 육아서만 보았다면 자기계발서, 심리학, 에세이, 고전 등 여러 분야로 책 읽기를 확장했다. 온전한 나를 만나기 시작했다. 아이에게 화를 내는 이유도, 욱하는 감정과 무의식에 저장된 트라우마도, 책을 통해 조금씩 알아갔다.

마법 같은 경험을 공유하고 싶어서 독서 모임에 나갔다. 새로운 인간관계를 만들어 나갔다. 아이와 남편을 통해 알게 된 사람들이 아니었다. 결혼 후 책을 매개로 사람들과 관계를 맺다 보니 긍정과 행복 에너지가 충전되기 시작했다. 충전된 에너지는 새로운 꿈을 꾸게 했다. 아이를 키우면서 할 수 있는 일을 찾아줬다.

매일 아이를 보내고 나면 책을 읽었다. 아무리 바빠도, 하루 10분이라도 책을 읽었다. 사색과 사유의 시간을 가졌고 읽기와 쓰기로 떠오르는 것을 적고 행동했다. 3년이 지났을 때, 책 읽기가 육아의 돌파구가 될 수 있다는 것을 확신했다.

꿈을 이루기 위한 필수 조건으로 책 읽기를 강요하는 시대다.

강요가 아닌 스스로 삶을 변화시키고 싶은 엄마들이 이 책을 읽었으면 좋겠다. 책을 읽으면 새로운 습관, 새로운 인간관계를 만들 수 있다. 인생도 변화시킬 수 있다고 확신한다. 엄마도 할 수 있다.

책 읽기는 가장 적은 투자로 가장 빠르게 변화할 수 있는 엄마 혁명이다. 나는 삶을 공부한다는 마음으로 책을 읽었다. 성장의 기쁨이 벅차오를 때 항상 책이 함께였다. 지금도 진행 중이다. 이젠 그 과정을 함께 나누려고 한다. 많은 엄마에게 용기와 위로를 주고 싶다. 책 읽기가 당신의 삶을 주체적으로 살아갈 수 있는 계기가 되길 바란다. 답답하고 우울한 엄마의 삶에 회의를 느끼는 엄마, 좀 더 나은 아이와의 관계를 원하는 엄마, 혼자만의 시간이 필요한 엄마에게 이 책을 권한다.

아무도 알려준 적 없는 엄마라는 삶을 살고 있다. 치열하게. 어쩌면 지금 우린 경력 단절 상태가 아니라 사람을 키우는 인문학 수행 중이 아닐까. 이 책을 시작으로 좀 더 당신의 책 읽기가 편해졌으면 좋겠다. 엄마의 책 읽는 뒷모습에 아이도 행복해질 것이다. 무엇보다 엄마인 당신이 더 행복해지길 바란다.

“

있잖아.

엄마도, 엄마가 처음이라서

노력 중이야.

엄마가 잘 못 하는 거 있으면 말해줄래?

가끔 엄마도 어떻게 해야 할지 모르겠거든.

그만 화내고 싶은데, 너를 사랑하고 싶은데 잘 안 돼.

일단 엄마인 내가 누구인지부터 알아가 볼게.

왜냐하면, 엄마도 행복해지고 싶거든……

엄마는 아이를 키우는 중이 아니다.

아이와 함께 커가는 중이다.

그 길 책과 함께하길.

”

차 례

1장

엄마와 육아

'엄마 신화' 앞에 맞섰다.
결국, 무릎을 꿇었다.
성공 신화를 좇다 보니
허무함과 죄책감,
불안과 두려움이 커졌다.
괴물이 되었다.
다시 잘 살 수 있을까?

사랑하고 결혼하고
엄마가 되고

　드라마 〈쌈, 마이웨이〉는 청춘의 연애와 삶을 다뤘다. "사고 쳐야 청춘이다.", "어느새 우리는 그냥 어른이 됐다."라는 말로 20대, 30대의 공감을 샀다. 그런데 아줌마 시청자인 나는 청춘의 삶보다 고동만과 최애라의 사랑 이야기가 더 설레었다.

　둘은 어릴 적부터 같은 동네에 사는 소꿉친구다. 소위 남자 사람 친구와 여자 사람 친구다. 인생의 타이밍이란! 어느 날 애라는 자기 때문에 다투는 동만 커플을 보게 됐다. 동만은 옛 여자 친구를 밀치고 애라에게 향했다. 박력 있게 키스를 하는 동만! 토끼처럼 커진 두 눈이 애라의 마음을 대신했다. 이때 고동만의 대사가 내 마음을 후려쳤다.

　"다신 안 놓쳐."

"이제 우리 그만 돌아서서 가자."

"다리에 힘 딱 줘!"

"어차피 키스했고 썸 같은 거 몰라, 키스했으면 1일. 우리 사귀자. 우리 사겨. 사귀자고!"

아! 옛날이여. 24살 나의 연애가 떠오른다. 지금은 하숙생처럼 집에서 잠만 자는 남편은 20살 때 만난 대학 동기다. 4년간 친구로 지냈다. 남편이 군대에 있는 동안 그의 부탁으로, 여자 친구가 고무신을 거꾸로 신지 않게 점심도 같이 먹어줬다. 그는 연애가 서툰 나를 위해 연애 상담을 해줬다. 각자 연애를 했다. 군대를 제대하고 복학을 한 남편, 사회초년생으로 직장 생활을 시작한 나. 가끔 연락하던 우리는 그때부터 매일 연락하는 사이가 됐다. 객지 생활에 외로운 나, 예비역으로 사회에 적응하는 그.

인생의 타이밍이란! 동만처럼 갑자기 남자가 되어 박력 있게 연애 선포를 했다. 친구에서 연인이 되어 3년간 연애를 하고 27살, 사랑한단 이유로 결혼을 했다.

예식장과 혼수를 알아봤다. 가구는 어디에서 사고 신혼여행은 어디로 갈지 고민했다. 신혼집을 구하는 게 가장 힘들었다. 신랑 회사는 시골 한복판에 있었다. 그 동네에 아파트도 많지 않았다. 전세 구하기가 하늘의 별 따기였다. 부모님의 도움을 받지 않고 시작했기에 함께할 집을 찾는 게 결혼 준비의 가장 큰 문제였다.

대출을 받아야 했다. 식을 올리기 전에 혼인신고를 했다. 예식 날은 다가오는데 함께 할 집이 없다니……. 원망해도 소용없었다.

서로에 대해 잘 알다 보니 좋은 점도 있지만 나쁜 점도 많았다. "예전에 이랬잖아."라는 말을 서로 입에 달고 살았다. "21살에 다른 학교에 다니는 여자애랑 팔짱 끼고 캠퍼스를 거닐더니……. 그때 너 엄청 자상했잖아." 지금은 왜 그러는지 이해가 안 된다며 상처 주는 말을 해댔다. 결혼식 겉치레만 신경 썼다. 마음 준비도, 함께 살 사람의 가정환경도 크게 관심이 없었다. 결혼식을 준비하면서도 결혼을 준비하지는 않았다. 사랑만 있으면 되니깐!

결혼 후 외딴곳에 신랑 하나 믿고 올라왔다. 아는 사람 하나 없었다. 퇴근하는 신랑만 기다렸다. 시골이라 마트도 없었다. 집에서 기다리는 나를 위해 신랑은 일이 끝나자마자 퇴근했다. 함께한다는 것이 좋았다. 사랑이란 감정으로 모든 것이 덮였다. 하지만 사랑으로 해결되는 것은 많지 않았다.

남편과 저녁을 먹고 설거지를 하고 있었다. 목욕하고 나온 신랑은 양치질을 했다. 그릇을 헹구고 있는데 갑자기 호수를 뺏어 갔다. 싱크대에 서서 입을 헹구는 신랑을 보고 깜짝 놀랐다.

"양치질은 화장실에서 해야지!"

"아, 어차피 물로 헹구는 건데 뭘. 그릇에 안 튀게 했어."

"더럽잖아. 싱크대에서 양치하는 사람이 어디 있어?"

우린 서로를 이해 못 하겠다는 눈빛으로 쳐다봤다. 사랑의 콩

깍지가 서서히 벗겨지다 보니 각자 살아온 생활 방식과 스타일이 불편해지기 시작했다.

인생에 있어 결혼은 삶의 큰 전환점이다. 마음 준비를 조금도 하지 않았다. 연애는 준비 없이 시작하는 게 매력이라지만 결혼은 고난이었다. 각자 자라온 환경과 삶을 살아가는 자세 등 가장 중요한 것을 몰랐기 때문이었다. 요즘은 결혼하기 전에 부부 상담이나 결혼 교육을 받는 커플이 많다고 한다. 각자의 성향을 검사하고 어떤 스타일인지 미리 아는 것이다. 이런 시간이 없어서였을까 우리 부부는 결혼 초 많이 싸웠다.

우왕좌왕하던 새댁은 결혼생활에 적응하기도 전에 엄마가 됐다. 결혼 1년 만에 말이다. 결혼 후 언제 아이를 가지고 엄마가 되겠단 계획도 없이! 초음파에 보이는 아기집과 심장 소리를 듣고 새댁은 자신이 엄마가 되었음을 실감했다. "임신입니다."라는 말을 듣는 순간, 속이 불편했다. 소화도 안되는 것 같았다.

태교란 걸 시작했다. 신랑이 출근하면 수학 정석을 폈다. 하루에 한 장씩 문제를 풀었다. 나는 공대 나온 여자니깐! 인터넷으로 주문한 유기농 배냇저고리 바느질 세트가 도착했다. 잠시 허리를 펴고 소파에 앉아서 하지도 않던 바느질을 했다. 엄마 말씀이 손을 많이 써야 아이 두뇌가 좋단다. 매일 오전에는 수학 문제를 풀고 오후에는 바느질을 했다. 배냇저고리가 옷 모양을 갖추어 갔다. 양쪽 소매를 달려는데 뭔가 이상했다. 소매 길이가 달랐다. 한

쪽이 짧다. 내 그럴 줄 알았다. 소매를 보니 속상함이 밀려왔다. 얼른 결과물을 만들고 싶었다. 스트레스다. 바느질로 행복해하는 엄마의 감정과 정서 상태가 태교의 핵심일 텐데 말이다. 태어날 아이에게 얼른 입히고 싶었다. 설렘으로 평소 하지 않던 바느질을 시작했으나 의무감으로 대충 마무리했다. 아이를 위한 첫 번째 선물이었는데 말이다.

집에만 있던 임산부는 심심했다. 낮에 실컷 낮잠을 자니 밤에 잠이 오질 않는다. 새벽에 혼자 TV를 봤다. 배가 고팠다. 빵 봉지를 들고 TV를 시청했다. 새벽 4시에야 잠이 들었다. 출근하는 남편을 그날도 보지 못했다. 새벽에 먹는 빵 때문인지 체중 증가가 심각했다. 안되겠다 싶어 임신 5개월쯤 임산부 요가를 등록했다. 매일 오후 2시 시내에 있는 산부인과로 향했다. 동네는 시골이라 버스가 자주 오지 않았다. 버스를 놓치지 않기 위해 서둘러 나섰다. 매일 어딘가에 갈 수 있다는 게 좋았다. 요가를 하고 시내에서 떡볶이와 인절미를 사 먹으며 외로움을 달랬다.

결혼 후 사람과의 소통이 없던 나는, 함께 요가 하는 임산부 엄마들과 친하게 지냈다. 혼자 먹지 못하는 음식들을 먹으러 다녔다. 신랑은 입맛이 토속적이다. 끼니는 무조건 흰쌀밥이어야 했다. 조금씩 객지에 적응해서 어느새 막달이 되었다. 요가 선생님이 말씀하셨다.

"보라 씨, 몸이 엄청 유연하잖아요. 골반도 유연하고. 아마 자연

분만으로 순산할 거예요."

키도 크고 몸도 컸지만 함께하는 임산부 중에 내가 가장 유연했다. 어려운 동작도 잘 따라 했다. 40주가 지나도 아이는 나올 기미가 보이지 않았다. 41주가 되는 날 유도분만을 했다. 3일 동안 유도분만 주사를 맞았다. 제왕절개로 아이는 세상에 나왔다. 몸의 유연성과 출산은 아무런 관계가 없었다. 유연하단 소리를 듣지 않았다면 유도분만을 3일씩이나 하지 않았을 텐데……. 아이는 41주하고 3일 후에야 품에 안겼다. 3일 동안 뱃속에서 진통을 느끼고 태어난 아이는 예민했다. 신생아실에 누워 있는 아이는 어린이 같았다. 주 수를 넘기다 보니 4kg이었다. 얼마나 힘들었는지 이마에 빨간 V자가 선명했다. 태어나는 순간부터 아이에게 미안했다.

결혼 1년 차에 누군가의 아내, 한 생명의 엄마가 됐다. 출산도 결혼과 마찬가지로 외적인 것에 집중했다. 유모차, 카시트, 수유 등, 기저귀, 잠자리 이불, 애착 인형, 젖병, 유두보호기, 손톱깎이, 속싸개, 겉싸개, 임산부의 로망 산후조리원. 내적인 준비는 출산에 대한 지식과 모유 수유 방법이 다였다. 결혼 준비도 '결혼식 준비'만 하고 엄마 준비도 '출산용품 준비'만 했다.

젊은 엄마는 몰랐다. 엄마 공부라는 게 있는 줄 말이다. 물 흐르는 대로 사랑하니 결혼하게 됐다. 결혼했으니 아이를 낳고 엄마가 됐다. 친구도 그렇게 살고 대부분의 여자가 그렇게 산다. 아무런 준비 없이……. 보통의 여자라면 누구나 거치는 삶의 과정이다.

중용의 1절에 "하늘이 명한 것을 본성[性]이라 하고, 본성을 따르는 것을 도(道)라고 하며, 도를 닦는 것을 가르침[敎]이라고 한다."라는 구절이 있다. 본래부터 타고난 성질인 본성을 지키고 찾기 위해선 배우고 익혀야 한다는 의미다.

늘 주어진 대로, 의심하지 않고, 고민하지 않고 살았다. 타고난 본성을 잃는 것보다 다른 사람과 다른 본성을 가지는 게 두려웠다. 사회에서 만들어놓은 틀 안으로 들어갈 때 한 번도 의심하거나 주저해본 적이 없었다. 결혼과 출산 역시 마찬가지였다. 사랑했으니 결혼하고 결혼하면 엄마가 되는 게 당연하다 생각했다. 연인이 있다고 하면 결혼은 언제 하냐고 묻는다. 결혼하고 나면 아이는 언제 가지냐 묻는다. 그게 당연한 것처럼.

 Today's book

우리는 모두 좋은 배우자를 만나야 행복해질 거라고 생각하지만, 스스로 먼저 좋은 배우자가 될 때 행복해질 수 있다. 나의 성장과 행복은 먼저 배우자의 필요를 채워주고 섬길 때 비로소 가능하기 때문이다.

— **김미선**, 《나의 결혼을 후회하지 않기로 했어》

서툰 엄마라
미안해

12개월 때 보건소 영유아 검진을 하러 갔더니 큰 병원에 가보라 했다. 당시 아이의 몸무게는 8.8kg이었다. 태어났을 때 몸무게가 4kg이었다. 보통 6개월이 지나면 태어난 몸무게의 2배가 된다는데 큰아이의 몸무게는 6개월 때 몸무게 그대로 머물러 있었다. 잘 먹이고 입혀서 건강하게 크고 있는 줄 알았다. 의사는 속에서 어떤 일이 벌어지고 있는지 알아보자며 피검사를 권유했다.

"일단 피검사를 하죠. 검사가 나오면 그때 이야기합시다."

큰아이를 안고 간호사가 부르는 주사실로 향했다. 품에 안겨 있던 아이는 영문도 모른 채 간호사 품으로 옮겨 갔다. 하얀 침대보가 덮힌 침대에 아이를 눕히며 간호사가 말했다.

" 아기 이름이 OOO 맞죠? 영양소 검사와 성장발달 검사를 위해 혈액을 채취하는 겁니다. 동의하시죠?"

"네. 안 아프게 해주세요."

아이의 울음소리는 언제 들어도 익숙지 않다. 달래기 위해, 주사 자국에 붙인 뽀로로 밴드를 보라고 했다.

"이제 끝났어. 고생했지? 얼마나 아팠을까."

대기실에 앉아 결과를 기다렸다. 시간이 더디게 갔다. 피가 말랐다.

"어머님, 들어오세요."

"피검사가 그리 나쁘진 않네요. 일단 철분이 부족해서 빈혈 수치가 낮아요. 철분제 처방받아서 먹고 3개월 뒤에 다시 내원하세요. 성장발달이 더디니 영양소를 골고루 잘 먹여야 합니다."

엄마로서 가장 큰 의무인 '먹이기'를, 나름 애썼던 그 일의 성적표를 받은 날이었다.

모유 수유를 하는 아이는 6개월 때 미음으로 이유식을 시작한다. 쌀에 알레르기 반응이 없으면 소고기를 넣거나 닭고기를 넣는다. 시금치도 넣고 단호박도 넣으며 엄마의 젖 말고도 여러 가지 맛을 느끼게 한다. 차츰 씹고 삼키는 연습도 하면서 영양소를 채우는 것이다.

이유식을 안 먹이고 바로 쌀밥을 먹였다는 이야기는 옛말이다. 이유식 책을 사서 매일 다른 맛의 이유식을 만들어 줬다. 당근을 다지고 양파도 눈에 보이지 않을 만큼 곱게 다졌다. 등에 업힌 아이는 엄마의 칼질 소리를 들으며 새근새근 잠을 잤다. 소고기를 믹서에 갈아도 깨지 않을 정도로. 아이가 깨면 동네 친구네 집에 놀러 갈 예정이었다. 그 집 아이는 우리 아이보다 1달 정도 먼저 태어났다.

오랜만에 외출 준비로 분주했다. 아이가 깨기 전 준비를 마쳐야 했다. 시원하게 머리도 감았다. 청바지를 입고 싶었지만 앉았다 일어섰다 할때 불편하니 치마 레깅스를 골랐다. 엉덩이까지 덮일 만한 티셔츠를 고르고, 비비크림도 바르며 빨간 립스틱으로 한껏 멋을 부렸다. 아기 띠에 잠든 아이를 안고 집을 나섰다. 기저귀 가방을 들고 한 손으론 노래를 선곡했다. 오늘의 선곡은 로이킴의 〈봄봄봄〉이다. 봄바람에 휘날리는 샴푸 냄새가 비싼 향수 못지않다.

친구 집에 도착했다. 서로의 근황을 이야기하며 잠에서 깬 아이를 바닥에 앉혔다. 이 집 아이는 1달 빨리 태어났는데도 우리 아이보다 잘 앉지 못했다. 은근히 기분이 좋았다. 뿌듯했다. 엄마들은 아이들에게 각자 만든 이유식을 떠먹였다. 손과 입을 같이 움직이며, 새로운 이유식 정보를 공유하기 바쁘다.

"이제 우리 아이는 소고기 살짝만 갈아서 먹여. 그래도 잘 먹더라고."

그 말을 듣지 말았어야 했다. 며칠 후 정육점을 찾았다.

"아저씨, 오늘은 소고기 잘게 다져주세요."

다진 고기를 믹서에 살짝만 돌렸다. 덩어리가 눈에 보일 정도였다. 완전히 곱게 갈아 먹이다 이젠 살짝만 갈아도 되지 않을까 싶었다. 옆집 엄마 말처럼 아이는 잘 먹었다. 그날 하루도 평소와 같이 먹이고 씻기고 재우며 아이를 잠자리에 눕혔다. 방문을 조심히 닫았다. 오늘 미션 성공! 이제 맥주 한 캔 먹어볼까?

소파에 앉아 맥주 캔의 꼭지를 따는 순간 아팠던 허리가 아프지 않았다. 손목의 시큰거림도 느껴지지 않았다. 나만의 시간을 30분 정도 보냈을 때다. 안방에서 울음소리가 들렸다. 평소와 같이 아이를 토닥이며 다시 재웠다. 10분이 지나고 또 깼다. 등을 두드리며 진정을 시켰지만, 아이의 울음은 더 커졌다.

어디 아픈가? 김 빠진 맥주처럼 하루의 마무리가 밍밍했다. 업고 거실을 돌았다. 잠이 들었나 싶어 눕히면 또 깼다. 눕히고 달래기를 반복했다. 퇴근한 남편도 오늘따라 잠을 못 잔다며 대수롭지 않게 여겼다. 응급실에 가야 하나? 바닥에 눕히면 우는 아이 때문에 꼬박 밤을 새웠다. 해가 뜨자마자 세수도 못 하고 모자를 눌러쓴 체 소아청소년과에 갔다. 감기는 아니란다. 특별히 아픈 곳은 없어 보인다 했다.

어제따라 잠을 못 잤나? 집으로 돌아와 평소처럼 이유식을 데워 먹였다. 잘 먹지 않았다. 긴장감이 풀리니 나도 배가 고팠다. 김과 참치 한 캔을 땄다. 김치 위에 참치를 올려놓고 김에 싸 먹는 밥은 10년이 지난 지금도 별미처럼 맛있다. 마지막 밥알을 야무

지게 모아 김에 싸는 순간, 앉아서 놀고 있던 아이가 분수 토를 하기 시작했다. 밥알이 목에 얹혔다. 어디가 아픈 게 분명했다. 소화가 안되나? 시골에서 시내에 있는 소아과는 빨리 가야 40분이다. 갑자기 급해졌다. 아이 입에 묻은 토를 닦아주며 옷을 갈아입혔다. 왠지 모를 불안함에 눈물이 났다. 급한 마음에 신랑에게 전화를 걸었다.

혼자 택시를 불러 병원에 갈 생각을 하니 몸이 움직이지 않았다. 낮에 간 곳이 아닌 다른 병원을 가보기로 했다. 차에서 잠든 아이의 몸에 젖내와 쌀 비린내가 진동했다. 그 냄새가 코에 닿을 때마다 더 세게 아이를 안았다.

"내가 뭘 잘못했나 봐. 나 때문이야."

의사는 가스가 좀 차 있긴 하지만 걱정할 정도는 아니라 했다. 집으로 돌아온 아이와 나는 그날 밤 내내 식탁등 하나에 의지한 채 무사히 아침을 맞이하길 기다렸다. 눕히면 우는 아이의 고통을 대신해주지 못하는 그 마음……. 원인이라도 알면 안심이 될 텐데. 새벽 4시쯤일까? 신랑이 짐을 싸라 했다. 대학병원 응급실에 가보자고. 기저귀며 물티슈를 챙겨 근처에 있는 가장 큰 대학병원으로 향했다.

응급실에 도착해 소변검사와 피검사를 했다. 의사는 아이를 바닥에 눕혀 다리를 배 쪽으로 들어 올렸다. 배에 가스가 조금 차 있다며 가루약과 물약을 처방해줬다. 차라리 입원을 시켜주지. 집에서 홀로 아픈 아이를 돌볼 생각을 하니 겁이 났다. 아이는 젖도 먹지 않으려고 했다. 안되겠다 싶어 다른 대학병원 응급실로 향했다.

그곳의 레지던트는 며칠 동안 고생한 나와 아이의 얼굴을 번갈아가며 쳐다봤다. 집에만 보내지 말아 달라고 부탁했다. 다 나을 때까지 입원을 시켜 달라 했다. 몰골이 말이 아닌 엄마의 부탁을 외면해야 할지, 들어줘야 할지 몇 분간 망설이던 의사는 일단 입원해서 경과를 지켜보자 했다. 아이는 이틀간 입원해 치료를 받았다. 병명은 '소화불량과 복통'이었다.

왜지? 왜 소화가 안됐을까? 추측한 결과, "이제 우리 아이는 소고기 살짝만 갈아서 먹어. 그래도 잘 먹더라고."라는 한마디가 떠올랐다. 갑자기 커진 소고기 알갱이가 아이 속을 아프게 한 것이다. 당장 집으로 돌아와 예전처럼 곱게 고기를 갈아 죽을 만들었다. 다시 복귀한 일상은 평소 내 삶이 얼마나 행복한지 알려줬다. 아이는 잘 먹고 잘 놀았다.

한순간의 선택이 아이를 아프게 한다. 한순간의 행동이 아이를 울고 웃게 한다. 엄마는 서툴러서 미안하다. 많은 엄마가 말한다. 큰애는 작은애보다 사회성도 낮고 서툰 게 많다고. "비교하면 안 되는데 말이죠. 자꾸 비교하게 돼요." 왜 그럴까? 엄마도 엄마가 처음이기 때문이지 않을까?

엄마 경력 1년, 아이 나이 1살. 큰애 때 몸에 밴 경험과 지혜가 있기에 작은아이 1살은, 엄마 경력 3년은 된다. 시어머니가 주신 고구마를 처음 삶을 때도 그랬다. 냄비에 물을 붓고 주신 고구마를 바로 넣어 삶았다. 물렁물렁하게 익은 고구마를 젓가락으로 찔러 그릇에 옮겼다. 맛있게 익었나? 껍질을 까던 어머니가 물으셨다.

"혹시 고구마 안 씻고 그냥 삶았어? 껍질에 흙이 없어도 깨끗이 씻고 삶아야지. 안 그러면 흙맛이 그대로 나."

엄마 경력 11년인 지금도 고구마를 삶을 때마다 어머님 말씀이 생각난다. 손으로 박박 흙을 씻어내고 껍질을 손바닥으로 비빈다. 잘 익은 고구마를 껍질째 아이 입에 넣어준다.

살림도 서툰 여자는 엄마가 되어 더 서툰 육아를 시작한다. 서툴 때마다 미안함은 커진다. 그 서툰 미안함도 잦아지니 인정하게 된다. 지금은 아이들에게 말한다. "엄마도 엄마가 처음이라 그래.", "이해해줘서 고마워."라고 '미안해'보다 '고마워'라 말한다.

결혼 전엔 마음대로 해도 통했다. 엄마가 되니 얼버무리며 넘어갈 수 있는 상황이 많지 않았다. 아이들은 사소한 거에 억울해했고 속상해했다. 그 모습을 볼 때마다 속에서 화가 치밀어 올랐다. 인내와 참을성의 미덕을 발휘하며 사는 게 엄마의 삶일까? 참은 화는 불덩어리가 되어 모든 것들을 태워버렸다. 안되겠다 싶어 의식적으로 심호흡하며 화를 삭였다. 의식이 배려심을 키웠다. 인간 승리다. 이 참을성이 사회에 나갔을 때 무기가 될지 몰랐지만, 누구도 따라올 수 없는 배려심이다.

《서툰 엄마》를 쓴 옥복녀 작가는 "쉽게 키우면 쉽게 자라고, 어렵게 키우면 어렵게 자란다."라고 했다. 어렵다고 느끼며 아이를 키우는 우린, 어쩌면 지금 수행 중인 게 아닐까? 여기서 수행의 의미는 여러 가지가 있다.

1. 수행(遂行): 생각하거나 계획한 대로 일을 해냄
2. 수행(修行): 행실, 학문, 기예 따위를 닦음.
3. 수행(隨行): 일정한 임무를 띠고 가는 사람을 따라감.
4. 수행(獸行): 사람으로 해야 할 도리를 저버린 짐승 같은 행실.

내게 수행은 4가지가 다 해당한다. 지금도 엄마 수행 중이다. 그리고 인정한다. 솔직히 가끔 짐승보다 못한 행실을 하는 것도. 엄마 경력이 3년, 6년 성장하듯이 아이도 엄마와 함께 3살, 6살로 커간다. 성장 속에서 부족함을 편안하게 즐길 줄 아는 엄마가 되길 바란다. 이젠 '미안해'보단 '고마워'라 말하며, 아이와 함께 성장하는 엄마가 되는 건 어떨지!

가보지 않은 길은 두렵습니다. 어떤 길인지 예상이 되지 않아서 불안하고 무섭습니다. 육아의 길도 마찬가지일 겁니다. 전혀 다른 세상입니다. 경험해보지 않은 미지의 세계입니다. 용기와 설렘만으로 맞이하기는 엄마가 감당해야 할 몫이 너무나 큽니다. 쓰나미처럼 몰려와 삶을 송두리째 삼킬지, 출렁이는 물결에 몸을 맡기고 나아갈지는 엄마의 몫입니다.

— **옥복녀**, 《서툰 엄마》

육아에
갇히다

　'엄마라서', '엄마이기 때문에', '엄마는', '엄마라면'이라는 꼬리표를 붙이고, '어떻게 엄마가 그럴 수 있어?'라는 잣대를 대면서 살았다. 엄마와 육아는 떼래야 뗄 수 없다고 말이다. 발악해도 제자리다. 이렇게 살아야 하나 싶다.

　일하는 워킹맘도, 집에 있는 전업주부도 매한가지다. 엄마와 아이, 'and의 관계' 앞에서 늘 구속된 느낌으로 육아를 한다. 구속의 사전적 의미는 '행동이나 의사의 자유를 제한하거나 속박하는 것', '다른 물체에 제한을 받거나 어떤 공간에 갇히는 현상'이다. '구속'이라는 내 단어 선택이 불편하게 느껴질 수 있다. 이번에는 '즐겁고 행복한 엄마의 삶'을 잠시 배제하고 이야기를 이어갈까 한다. 다만, 나 역시 누구보다 아이를 사랑하고 행복하게 육아하고 싶은 엄마란 걸 잊지 말았으면 좋겠다.

결혼 전 20시간씩 컴퓨터 앞에 앉아 일했다. 그때 생긴 디스크가 임신 후 더 악화됐다. 늘 입에 달고 사는 말이 "아이고, 허리야."였다. 저녁 설거지를 하고 놀이방 매트 위로 돌진하는 내게 신랑이 말했다.

"밥 먹고 바로 누우면 살쪄!"

"허리가 아픈데 어떻게 해"

"벽에 기대 서 있으면 되지."

내 마음을 누가 알까? 중얼거리며 신랑 말을 무시했다. 몇 초가 지났을까? 갑자기 아이는 "엄마" 하며 배 위에 올라탔다. 아이는 엄마라는 놀이터에서 멀리 가지 못했다. 잠깐 누워 있는데도 온전히 쉴 수 없다는 게 씁쓸했다.

아이는 배 위에서 콩콩 엉덩방아를 찧으며 춤을 췄다. 장기는 무사하겠지? 급사로 죽을 수도 있다는데. 아이가 갑자기 내 윗옷을 걷어올렸다. 평소처럼 엄마 옷을 열어 젖을 찾고 입을 가져다 댔다. 떠다니는 정보로는 오랫동안 젖을 먹이면 좋단다. 제일 사랑하고 좋아하던 젖은 18개월이 된 아이에겐 장난감일 것이다. 18개월 때 큰아이는 아래, 윗니가 4개씩 나 있다. 정서와 애착엔 좋겠지만 깨무는 건 고통이었다. "저리 가! 엄마 좀 쉬자." 낯선 남자에게 폭행을 당하는 것처럼 옷을 추슬렀다. "놔두라고. 저리 가라고!" 울부짖듯이 사정했다. 정신을 놓고 감정을 조절하지 못했다. 달려드는 아이를 두 손으로 밀쳤다. 화를 내도 아이는 내 옆에 붙어 있었다. "저리 가라고! 지긋지긋하다고! 가만히 내버려 두라고!" 아이를 밀치는 나를 보던 신랑은 아이를 덥석 안고 말했다.

"지금 뭐 하는 짓이야? 애가 무슨 죄가 있어. 정신 차려."

이럴 때마다 고민했다. 내 모성애는 어디 있지? 내 머릿속은 모성애와 자존감을 놓고 저울질했다.

"나보다 더 힘든 사람도 있는데 내가 불평하고 힘들어하는 건, 복에 겨운 짓이야."

"엄마니깐 그러면 안 되지!"

늘 되새겼다. 나 자신을 다독였고 육아에 올곧은 엄마가 되기 위해 애썼다. 둘째 100일쯤 친척 결혼식에 갔다. 뷔페 음식 먹을 생각에 들떴다. 큰아이는 아빠 손을 잡고 음식을 담았다. 초밥이다. 신선도는 상관없다. 접시 가득 초밥과 김밥을 담았다.

"엄마, 다 먹을 수 있어?"

"그럼, 젖 먹이면 금방 배고파."

"동생 젖 줄려면 많이 먹어, 엄마."

기름칠한 밥알과 생선회는 소화제 같았다. 아기 띠를 하고 서서 밥을 먹는데도 소화가 잘됐다. 꾸역꾸역 배를 채웠다. 언제 다시 올지 모른다. 밥 먹는 동안 잠든 아인 신랑에게 맡겼다. 큰아이와 아이스크림을 찾으러 갔다. 아이는 내 배와 가슴에 떨어진 밥풀을 떼서 입에 넣었다. 아무렇지 않게 나도 같이 밥풀을 떼서 먹었다. 가슴이 신경 쓰였다. 먹을 때는 몰랐다. 가슴이 고장 난 수도꼭지가 되었다는 걸! 수유패드는 불어난 젖의 양을 감당하지 못했다. 땡땡해진 가슴은 살짝만 스쳐도 아팠다. 수유실에 들어가 젖을 짰다. 묽은 물젖이 세면대에 가득했다. 양쪽 젖을 짰다. 젖은 속옷을 입고 밖으로 나왔다. 아무도 쳐다보지 않는 가슴이 맘을 불편하게 했다. 꼭 거기만 보는 것 같았다. 맛있는 것을 먹을 때 생긴 행복감은 젖은 가슴에 작아졌다.

아이를 돌볼 땐 볼일을 볼 때도 문을 열고 봐야 했다. 이제는 습관이 됐다. 배가 아파 거실 화장실로 들어갔다. 조금 있다가 둘째 아이가 똥을 싼다고 했다.

"엄마, 다 쌌어요? 저 안방 화장실에 있어요."

"좀만 기다려."

"다 쌌는데. 나 먼저 닦아줘요."

빨리 마무리를 했다. 찝찝한 게 엉덩이뿐만이 아니었다. 내 마음도 영……. 바쁜 신랑 얼굴도 쓱……. "남편은 바람이다. 왜냐하면 스쳐 지나가기 때문이다."

스웨덴은 관대한 육아휴직 정책을 시행하고 있다. 96%가 육아휴직을 갖는 남성들에 동의한다. 집안일하는 남자를 호의적으로 생각한다. 스웨덴 사람들의 10%만이 남성의 중요한 역할이 경제적 책임감이라 한다. 한국의 남성은? 내 남편은? 혼자 4명의 의식주를 책임지는 남편. 그의 고뇌와 수고를 인정한다. 육아 초기에는 나 혼자 낳았냐며 잔소리를 쏟았지만, 몇 년 후 육아가 손에 익자 남편이 늦게 오든 말든 상관없게 되었다. 아이에게 아빠의 존재감을 만들어주고 싶어도 이 시대 아빠는 어쨌든 바쁜 사람이다. 그래서 또 불쌍하고, 안쓰러운 사람이다.

아직 걸음마를 떼지 못하는 아이에겐 "잘 잤어?", "배고프지?", "오줌 쌌어?" 같은 생리적인 질문을 던진다. 한 살씩 먹어 갈수록 엄마들이 하는 말들은 광대해진다. 7살이 된 둘째는 아침잠이 많다. 같은 뱃속에서 나온 두 아이는 잠 깨는 스타일도 다르다. 큰아이는 어릴 때부터 일어날 시간이 되면 벌떡 일어나 세수를 했다. 옷을 입으면서 잠을 깼다. 둘째는 일어날 시간이 되어도 잘 못 일어난다. 주말 빼고.

아침밥을 꼭 먹고 가야 하는 두 아이. 등원 시간 40분 전이다. 자게 둘 수 없었다. 이불을 걷고 아이를 흔들었다. 아이는 양발 차기로 자겠단 표현을 했다.

"지금 일어나야 밥 먹고 갈 수 있어."

"밥 다 차리면 깨워주세요."

밥은 깨우기 전부터 식탁 위에 있었다. 식은 밥을 밥솥에 넣었다 뺐다를 반복했다. "일어나야 해. 일어나라고!" 아이는 괴물 목소리에 놀라 벌떡 일어났다. 정신과 영혼은 이불에 두고 육체만 식탁으로 온 것 같았다. 물도 먹지 않고 밥알을 삼켰다. 매일 반복되는 아침 풍경에 화가 났다.

"네가 알아서 좀 일어나. 10시에는 자야 아침에 잘 일어나지. 좀 더 논다고 버티더니 못 일어나잖아. 1주일간 핸드폰, TV 시청 금지야."

서글픈 눈물로 아이는 억울함을 표했다. 아이가 나를 구속한다 생각했다. "빨리빨리 해.", "그만해.", "1시간만 해.", "5분 남았어." 등 질책과 간섭의 말들을 퍼부으며 아이들을 구속했다. 그들은 반항도 크지 않았다. 모성애와 자존감 사이, 존재감에 상처받는 날엔 괴물 거인이 되어 아이들을 닦달했다. 사랑이라는 명목으로 혼내고 구속했다. 눈으로도, 입으로도, 행동으로도, 아우라로. 엄마는 그러면 안 된다는, 이상적인 엄마상과 모성애로 스스로를 책망했다. 아이보다 자신의 삶이 먼저인 엄마들은 모성애가 부족하다고 자책하기도 한다. '현실 육아' 앞에 단념하면서도.

모성애의 의미는 '엄마로서 가지는 정신, 육체적 본능'이다. 사회적 의미는 '엄마면 당연히 해야 하는 마음가짐과 행동'이 아닐까? 사랑하는 아이들을 위해 진심으로 모성애를 발휘하지만, 자존감이 바닥을 치는 모성은 피해자만 양성한다. 다른 사람은 모르겠지만 난 그랬다. 모성을 본성으로 규정하면서 아이를 키우다 보니 자존감이 낮아졌다.

몸살로 고열이 나는데도 놀이터에 가자는 말에 고개를 끄떡였다. 우울함과 답답함은 육체를 더 아프게 했다. 편도염이 심해 말하기 힘들 때였다. 입을 크게 벌려 염증을 보여줬다. 오늘은 책을 읽어주기 힘들다고 말했다. 목이 괜찮아지면 읽어준다 약속했다. 모성애와 엄마의 자존감은 아이가 어릴수록 반비례했다. 스스로 육아에 구속되었다고 느꼈다. 황금기일 수 있는데 말이다. 시간이 지난 후 아이를 키우다 보니 내가 컸다는 것을 알게된다. 단지 내가 몰랐던 것 뿐이다. 사회도, 가족도 우리에게 모성애를 강요하지 말았으면 좋겠다. 구속된 육아에 희미해진 자존감을 모성애에 뺏기지 말길. 누구도 대신 찾아주지 않는다.

 Today's book

모성의 특성이라고 여겼던 것들이 사실은 아이와 더 많은 시간을 보낸 결과일 뿐이라거나, 양육행위는 성별을 가리지 않고 뇌의 양육회로를 활성화한다는 등의 연구 결과가 1초만 검색해도 열 손가락을 꽉 채운다. 그런데도 아직까지 여성의 본능은 모성애이고, 모든 여성은 좋은 엄마가 될 수 있으며, 임신과 출산과 양육을 버거워하면 모성애가 부족한 자격미달의 엄마라고 생각한다면, 그것은 모성애라는 이름으로 여성을 착취하고 싶다는 고백일 뿐이다.
— **이진송**, 《하지 않아도 나는 여자입니다》

육아는
엄마의 자존심 경쟁

　육아는 전쟁이다. 아니, 육아는 경쟁이다. 태어나기 전부터 뱃속 아이의 몸무게와 성별을 비교한다. 다른 임산부들이 어떤 태교를 하는지도 궁금해한다. 우리 집 아이들은 키가 또래에 비해 크다. 머리 하나 차이다. 유치원 버스가 도착할 동안 가지에 매달린 나뭇잎을 따기 시작했다. 같은 반 친구가 폴짝거렸다. 친구는 아무리 뛰어도 손이 가지에 닿지 않았다. 결국엔 친구를 위해 아이가 한 번 더 점프했다.

　"키 커서 좋겠다. 초등학생 같아. 키가 크니 할 수 있는 것도 많고."

　"뭘요. 아빠 엄마가 커서 큰가 봐요. 너무 클까 봐 걱정이에요. 조인성 정도만 크면 좋겠는데."

"혹시 유산균 먹어요? 우유도 잘 먹어요?"

"유산균은 항생제 먹일 때만 먹여요. 저도 어릴 때 우유 싫어했거든요. 아이들이 이것도 닮았더라고요."

엄마들은 아이의 성장에 대해 이야기하며 유치원 버스에 아이를 태웠고 창문에 대고 연신 손을 흔들고 손하트를 날려댔다. 버스를 보내고 돌아오는 길, 대화를 나눈 엄마의 아이는 평균 키였다. 그런데 으쓱대며 대꾸해준 나도 참……

작은아이가 중이염으로 이틀에 한 번씩 한의원 치료를 받았다. 택시를 기다리는데 이웃 엄마가 인사를 했다.

"매일 어디를 그렇게 가요?"

"아이가 아파서 치료받으러 가요."

"어디가 아픈데요?"

"중이염이요"

"가족 모두 힘들겠어요. 우리 아이는 한겨울에 반소매 입어도 감기 한 번 안 걸리더라고요."

택시 문을 열고 택시 기사의 심기를 건드릴까 봐 아이를 올바르게 앉혔다. 이웃 엄마의 말이 머릿속에 뱅글뱅글 돈다. 아픈 아이를 볼 때마다 속상했다. 엄마인 내가 잘 돌보지 못했다는 죄책감이 컸다. 왜 안 낫지? 내가 뭘 잘못했나?

인간은 사회적 동물이다. 혼자 살아갈 수 없다. 타인의 시선을 의식하며 경쟁하고 성장하며 산다. 귀 닫고, 눈 감고, 살 수 없는 게 당연하다. 그래서 다른 집, 다른 아이의 사정이 신경 쓰이는 걸까? 곰곰이 생각해봤다. 아마도 잘하고 싶었나 보다. 좋은 부모가 되고 싶었던 것 같다.

강아지 로고가 박힌 옷을 계절마다 샀다. 친구들 모임이나 집안 행사 때 입기 때문이다. 난 1981년생이다. 고2 때 IMF가 터졌다. 경제가 어려웠지만, 대학을 갔다. 큰 꿈이 없었기에 대학원이나 어학연수까지는 생각이 없었다. 나름 교육받은 여자로 남자들 틈에서 연구원으로 일했다. 매일 밤을 새우는 직업이었다. 결혼 후 엄마가 되면 못할……, 아니, 사실 하고 싶지 않은 일이라 고민도 없이 일을 그만뒀다.

아이를 돌보고 엄마라는 삶에 익숙해지면서부터 육아에 목을 매었다. 좋은 직장 그만두고 전업주부를 선택했는데 발로 육아를 할 순 없지 않은가? 가진 능력을 어디에 쓸 수 있을까? 주 종목인 육아와 살림에 능력을 쓸 수밖에……. 테이크아웃 커피잔이 아닌 10kg이 넘는 아이를 들고 거니는 팔뚝 굵은 엄마가 되어갔다. 교대를 나온 친구도, 명문대 약학과를 나온 친구도 마찬가지다. 문화센터, 유아 퍼포먼스 미술, 가베, 창의 과학, 창의 수학, 예체능 등 아이에게 뭘 해줘야 할지 고민하고 다른 엄마들의 교육까지 신경 쓴다. 아이가 왜 해야 하는지 궁금해하지 않는다. 나도 그랬다. 그때는 다들 하니깐, 나만 안 시키면 불안하니깐.

천안에서 제일 큰 체육관에 주기적으로 열리는 행사가 있다.

'베이비페어'다. 2008년만 해도 1년에 한 번 열렸다. 그것도 천안이 아닌 대전에서 열렸다. 광역시 정도 돼야 주기적으로 출산 육아 박람회에 갈 수 있었다. 10년 후 시누이와 찾은 베이비페어는 과학전시회 같은 느낌이었다.

이가 나고 기기 시작하면서 아이는 리모컨을 좋아했다. 찍찍이도 선호하는 치발기였다. 손으로 만지는 돈이 젤 더럽다고 한다. 리모컨이야 다를까? 물고 빠는 아이를 위해 물티슈로 깨끗이 닦아줬다. 더러운 걸 알지만 잘 가지고 놀기에 닦아서라도 주고 싶었다. 박람회장 입구에 온갖 리모컨이 나열되어 있었다.

"아이들에게 해롭지 않은 성분으로 만들어진 리모컨 덮개입니다. 치발기로 사용합니다. 세균 걱정 없는 실리콘 소재로 삶을 수도 있습니다."

'아, 우리 애가 저 나이 때 저런 게 있었으면 얼마나 좋았을까?' 하고 기발한 아이디어 제품에 감탄했다. 안으로 들어가니 굉장했다. 육아용품 업체들이 한자리에 다 모여 있었다. 입장 시 받은 안내지에 미션 수행 스탬프 칸이 있었는데, 부스에서 상담을 받거나 구매하면 스탬프를 찍어줬다. 칸을 채우면 성공 선물을 받을 수 있었다. 또 화장품 업체는 아이용 마스크 팩을 나눠 줬다.

사람에 밀려 다른 곳으로 갔다. 연예인 이름을 건 분유가 보였다. 전문 간호사들이 간호복을 입고 직접 상담을 해줬다. 지방 47%, 즉 모유에 들어 있는 지방을 분유에 담았다며 어차피 분유

를 먹일 거면 모유와 비슷하고 과학적으로 증명된 분유를 먹이라
했다.

옆 부스에는 성장 시기에 맞는 책들이 전시되어 있었다. 책 판
매대서 한참을 머물렀다. 중고서점에서 책을 사는 나에겐 살짝
욕심나는 부스였다. '살까? 말까?' 한참 고민하다 발걸음을 옮겼
다. 시누이가 궁금해하던 유모차와 카시트 판매대로 갔다. 예비
부모들이 이곳에 다 모인 것 같았다.

'유모차 패키지 행사! 파라솔 99,000원, 컵홀더 59,000원 기타
등등 총 219만 원!'

고급스런 제품이었다. 예비 부모의 대화가 들렸다.

"갈색은 좀 칙칙한데? 자기야 나 블랙&화이트로 살래."

"근데 좀만 타면 작겠는데? 발이 다 나오겠어."

"어차피 좀 크면 휴대용 유모차로 바꿔야 해."

1년도 타지 못하는 유모차를, 아무리 둘째 때 쓴다고 해도
200이나 주고 살 수 있다니. 10년 전 베이비페어 전시용 유모차
를 20만 원에 샀다가 6개월 후 유아용품 판매장에서 휴대용 유모
차를 5만 원에 주고 샀던 내 모습이 떠올랐다. 카시트라고 다를
까? 한번 구경이나 갈까 싶어 왔다 몇 백을 쓰고 간다는 엄마들의
이야기가 옆에서 들렸다. 샘플이라도 더 챙기게 한 바퀴 더 돌아
보자며 신랑의 팔짱을 끼고 돌아서는 예비 엄마의 뒷모습을 한참
쳐다봤다. 내 관점에서 상황을 파악한 걸 수도 있다. 하지만 나도

해봤기 때문에 안다, 아이가 태어나기 전부터 육아용품으로 경쟁 아닌 경쟁을 한다는 것을.

둘째 100일쯤이었나? 아이들과 함께 평택호에 갔다. 김밥과 치킨을 싸 들고 호수 옆자리에 앉았다. 행복한 모습을 연신 찍었다. 가족용 자전거를 빌려 호수 산책길을 구경했다. 마지막으로 오리배에 올라타 열심히 페달을 밟는 신랑의 뒷모습도 한 장 담았다. 오랜만의 외출에 행복했다. 집으로 돌아오는 차 안, 아이들은 잠이 들었다. 아까 찍은 사진을 편집해 "도시락 싸 들고 한번 가봐. 탈것도 체험할 것도 많더라."라는 문구와 함께 SNS에 올렸다. 댓글이 달렸다. 수시로 들어가 댓글을 확인했다.

지금 나들이 갔다 와서 즐겁다고, 나 요즘 괜찮은데, 육아하는 내 모습 어떠냐며 집에만 있는 엄마에게 나 지금 행복하며 살맛난다고 간접 홍보를 했던 내 모습도 어쩌면 행복을 겨루는 육아 전쟁이진 않았을까? 나의 존재를 이렇게라도 인정받고 싶었던 걸 수도……

마스다 미리가 쓴《내가 정말 원하는 건 뭐지?》의 주인공이 한 말처럼, 혹시 공기처럼 우리 자신의 존재가 날아가 버릴까 봐, 두려워서 그런 건 아닐까? 엄마들은 존재감을 육아로, 자존심을 육아로 대신할 수밖에 없는게 아닐까?

주부 CEO로, 가족 경영자로, 매니저 엄마로 할 게 너무 많은 우리. 존재만으로 괜찮은데! 아무도 알려주지 않은 육아 세계. 가정과목에서 조금이라도 다뤄줬으면 어땠을까? 안타깝다. '육아는 전쟁이다. 육아는 경쟁이다.'라는 문장을 쓰면서도 맘이 착찹한 건 왜일까?

 Today's book

경쟁심이 강한 엄마에게는 공통점이 많은데, 개중 두드러지는 점은 자신에게 있는 것보다 없는 것에 의식적으로 집중한다는 사실이다. 그리고 많은 경우에 경쟁심이 우리로 하여금 초점을 맞추게 하는 대상은 터무니없는 정도는 아니더라도 바보 같은 것들이다. 나는 훌륭한 자녀와 다정한 남편을 둔 엄마들이 집이 작다고, 외모가 마음에 안 든다고, 좋은 옷이 없다고 한탄하는 모습을 많이 보았다. 누구나 하루를 시작하면서 마음속 공간을 어떤 생각으로 채울지 결정한다. 자신에게 없는 것을 생각하면서 더 많은 시간을 보낸다면 이미 있는 것에 감사할 시간이 줄어든다는 사실은 매우 당연하다.

— 메그 미커, 《엄마의 자존감》

육아서의
부작용

"저번에 빌려준 책 잘 읽었어요."

"도움이 좀 됐어요? 혹시 더 빌리고 싶으면 빌려 가세요."

아이들을 등원시키고 나면 모닝커피로 육아 스트레스를 푼다. 혼자보단 둘 이상 먹어야 맛있다. 큰아이가 엄마표 영어를 한 지 3년째 되는 해였다. 어린이집에서 영어듣기시험 백점을 받았다. 그 사건이 있고 난 뒤 동네 엄마들이 우리 집에 놀러 오기 시작했다. 어깨에 뽕이 10개는 달린 듯 으쓱했다. 아이가 봤던 영어 DVD와 책들을 바닥에 깔았다.

"처음에는 영어랑 친해져야 해서 노래를 많이 틀어줬어요. 그 뒤로 하나씩 아이가 좋아하는 캐릭터별로 DVD를 샀죠."

"한글이 익숙한데 볼까요?"

"한글을 안 틀어주면 되죠. TV 시청은 영어로만 가능하다고 인식시켜주는 거예요. 어떻게든 TV가 보고 싶으니 아이는 엄마 말을 듣거든요. 엄마의 확고한 의지가 중요해요."

육아서에 나온 문장을 줄줄이 말했다. 전문 지식인이 되어 동네 엄마들을 가르쳤다. 아웃풋이 늦게 나오는 언어학습은 걱정이고 두려움이다. 엄마표 영어의 아웃풋을 경험한 나는 성공의 열쇠를 가진 것처럼 의기양양했다.

남들의 부러움을 사기 위해 시작한 엄마표는 아니었다. 내 아이를 위한 교육적 환경을 외부의 도움 없이 오롯이 내 힘으로 만들어주고 싶어 시작했다. '즐기면서 배우고, 놀면서 습득하는 교육'이라는 모토로 말이다. 엄마표 육아 커뮤니티나 서적의 정보를 그대로 따라 했다. 'Step 1'을 수행하니 책에서 알려준 결과가 아이를 통해 나왔다. 바로 'Step 2'를 시행했다. 그러다 보니 어느새 목적이 'Step 달성'이 되었다. 놀면서 즐기면서 하자고 했던 것이 엄마의 일이 됐다. 아이가 못하면 내가 뭔가를 놓치는 것 같았다. Step을 밟을수록, 괴물이 되어 소리치는 나를 자주 만났다. 육아서에서 본 내용이 생각났다.

"엄마에게 무시당한 아이의 뇌는 작다."

"엄마의 목소리가 아이에게 주는 영향은? 잘 생각해보세요."

죄책감에 자책했다. 무한 반복이지만 학원에 보내고 싶지 않았기에 다른 도리가 없었다.

학교 상담을 하고 오는 날에는 귀갓길에 항상 여러 권의 문제집을 샀다.

"어머님 같은 교육관 가진 분이 많아요. 현실을 직시하셔야 합니다."

"아이는 잘할 수 있는 머리를 가지고 있는데 어머님이 좀 더 신경을 쓰셔야 해요."

초등 3학년 때까지 들은 말이다. 수학이 평균 밑이라 했다. 국어는 독해력은 좋지만, 문법과 어휘의 수준이 낮다고 했다. 교실 문을 닫고 죄인처럼 나왔다.

"내가 얼마나 아이 학습에 신경 쓰고 있는데……. 왜 관심 없는 엄마처럼 보이는 거지?"

"과연 지금까지 해온 학습법으로 승산이 있을까?"

그날 밤 아이는 엄마 눈치를 보느라 바빴다. 폭탄이 터질까 봐 착한 아이가 되어 일과를 마무리했다. 그 모습조차 화가 났다. 답답했다. 불안하고 두려운 건 왜일까? 아이가 이상한 걸까? 내가 이상한 걸까? 난 최선을 다하고 있는데, 분명 문제 원인이 있을 텐데……. 낮에 봤던 육아서를 책장에 꽂았다. 노트북을 켰다. 포털 사이트에 검색어를 입력했다.

'진짜 육아서가 도움이 되나요?'

한 엄마의 글을 읽고 온몸에 전율이 흘렀다.

"저는 '이렇게 하세요!'라는 해법이 아니라, '엄마라서 당신 마음이 그렇구나, 힘들구나, 잘하고 있구나' 같은 위로와 격려가 있는 육아서를 좋아해요. 참고서 같이 책을 읽다 보면 맘이 불편해지더라고요."

아차 싶었다. 육아서를 고를 때, 위로나 격려의 육아서를 골라 본 적이 한 번도 없었다. 이론과 해법, 동기부여, 성공사례가 담긴 책만 사서 봤다. 성공사례가 한 개만 있었을까? 그동안 성공하고 잘 키웠다는 엄마가 한 명뿐이었을까? 늘 육아 해법을 갈구하고 원했다. 육아서는 잘못이 없는데 육아서를 미워했다. 너 때문에 내가 더 힘들다고 단정 지었다. 한 권을 읽으면 또 한 권을 샀다. 이렇게만 하면 불가능이란 없다고 생각했다. 육아서만 봤다. 리스트를 보니 족히 250권은 됐다. 그래서 남들 눈에는 좋은 엄마, 완벽한 엄마로 보였다. 나조차도 잘하고 있다고, 좋은 엄마라고 착각할 만큼.

아침 8시 20분. 머리를 감고 외출 준비를 했다. 둘째를 등원시키고 도서관에 갈 생각이었다. 엄마의 분주함 속에서 아이는 멍하니 침대에 누워 있었다.

"엄마, 누나가 벽지를 뜯었나 봐."

뒤를 돌아봤다. 손바닥만큼 안방 벽지가 찢어져 있었다. 화가 차올랐다. 아니, 터지기 일보 직전이었다.

"찢은 종이 어디 있어?"

아이가 내민 벽지는 산산조각이 나 있었다. 붙이고 싶어도 붙일 수 없었다.

"엄마가 아끼는 벽지를 왜 망가뜨려! 엄마도 네가 아끼는 화분 망가뜨릴 거야."

씩씩거리며 베란다로 갔다. 유치원에서 가지고 온 소형 화분을 집어 들었다. 쓰레기통 앞에 서서 한 치의 망설임 없이 집어던졌다.

"어때? 너도 속상하지? 화나지?"

"아니, 엄마 괜찮아. 난 안 속상해. 엄마 화 풀었으면 좋겠어. 미안해요."

주위를 빙빙 돌며 엄마 눈치를 살폈다. 설거지하다 눈물이 났다. 그릇이 보이지 않았다. 아이는 우는 나를 보더니 말없이 내 옷깃을 잡고 섰다. 아이에게 내가 느낀 속상함과 화를 그대로 느끼게 해주고 싶었다. 너도 한번 당해보라고, 느껴보라고 말이다. 아이의 사과에 '내가 또 너보다 못한 어른 같잖아.' 하고 속으로 외치며 미안함에 자책했다. 아이처럼 표현하지 못하고 사과하지 못했다. 조용히 옷을 입고 양치를 하던 아이가 물었다.

"엄마, 근데 씨앗이 쓰레기통에서도 자랄 수 있어?"

"아니, 햇빛을 못 보면 죽지."

"다시 꺼내 올까?"

그 순간 고민했다. 쓰레기통에서라도 잘 자라길 바라는 아이의 마음을 헤아려줘야 하는지……. 사과해야 했다.

"엄마도 미안했어. 앞으론 안 그럴게."

아이는 쓰레기통을 열지 않았다. 감정에 솔직한 건 옳았지만 행동엔 지혜가 없었다. 지혜 없는 감정표현은 대가를 치러야 했다. 그날의 대가는 쓰레기통을 열 때마다 보이는 화분과 구멍 난 벽지를 볼 때 드는 미안함이었다. 육아서에서 본 이상적인 엄마와 현실의 내 모습은 너무나 달랐다.

엄마라는 직업은 이번 생엔 아닌가 보다. "이렇게만 하면 불가능이란 없다.", "이렇게만 하면 좋은 엄마가 될 수 있다.", "모든 것은 엄마에 달렸다."라고 책이 알려줬는데 말이다.

"육아서나 자기계발서에 나온 이야기는 그 사람의 이야기잖아요. 작가는 그게 통했는지 몰라도 살아온 환경도 다르고 성향도 다른데 어떻게 그걸 믿고 따라 해요?"라며 육아서나 자기계발서를 보지 않는 사람이 있다. 그들처럼 참고만 해야 했다. 다른 이의 경험을 내 삶에 맞게 바꿔서 적용해보지 않았다. 분석하고 판단하고 평가하려 했다. 평가하니 성장하지 못했다. 아이와 나 사이에 항상 긴장감이 생겼다. 지켜야 할 규칙, 반자동으로 해야 할 행동 등 그야말로 머리로 하는 육아였다.

어쩌면 250권의 육아서가 있었기에 지금의 성장이 있었을지 모른다. 그 시간이 지금 이렇게 내 경험을 꺼낼 용기를 준 걸 수도 있다. 이 책 역시 육아서로 분류될 것이다. '육아는 이렇다', '책 읽는 엄마가 돼라.'라고 권하는 게 조심스럽다. 내 이야기를 꼭 여러분의 삶에 투영시켜 걸러내길 바란다.

나에게 육아서는 항생제 같았다. 아플 때 빨리 해결해줬다. 방법을 제시했다. 약 효과가 떨어지면 더 독하고 강도가 센 약을 다시 처방받았다. 약의 부작용이 생각보다 많았지만 말이다. 왜 이 책을 읽고 싶은지, 내가 선택한 책의 공통된 주제가 무엇인지 분석해서 보면 좋겠다. 아마 지금 고민하고, 힘들어하고 있는 상황이 개선될 육아 포인트가 보일 것이다.

경험이 중요하다. 어쨌든 책을 읽으면 비판적 사고가 생긴다. 일단 끌리면 읽자. 육아서의 부작용을 다뤘다고, 육아서만 탓하지 않길 바란다. 육아서 내용을 삶에 투영시켜 본 후, 남은 핵심들을 적용해보았으면 좋겠다.

 Today's book

육아서 홍수의 시대다. 그런데 현재의 육아서들은 대부분 사회구조를 따질 목적이 없기에, 자기계발서처럼 철저히 개인에게, 부모에게 책임을 묻는다. 모든 부모가 동일한 상태에서 존재한다고 가정한다.

— **오찬호**,《결혼과 육아의 사회학》

대한민국에서
부모로 산다는 것

많은 영화가 모성을 어떤 사건의 동기로 이용한다. 〈마더〉도 그렇다. 2018년 11월에 개봉한 영화 〈툴리〉는 좀 달랐다. 영화 내용은 보슬비처럼 내 마음을 촉촉하게 토닥여주었다. 포스터에 적힌 "당신을 돌보러 왔어요."라는 문구가 모든 것을 말해준다.

주인공 마들로는 세 아이의 엄마다. 아이 수는 다르지만, 그녀의 삶이 나의 삶과 99.99999% 일치했다. 첫째는 신발도 제대로 신지 못했다. 둘째는 남들과 좀 달랐다. 셋째는 갓난아이이고, 남편은 밤마다 게임 속 좀비를 잡느라 이불에서 나오지 않았다. 그녀는 냉동 피자를 데워 줄 때도, 집안이 엉망진창일 때도, 죄책감을 느끼며 자신을 탓했다.

영화는 지겹도록 반복되는 육아를 보여줬다. 누군가에게는 무미건조할 수 있다. 그런데 내게는 마치 내가 스크린에 들어가 있는 것처럼 생생했다. 인종과 나라만 다를 뿐 엄마가 겪는 현실적 문제부터 소소하게는 임신으로 살이 트지 않게 튼 살 크림을 바르고 모유 수유하는 모습까지 공감이 갔다.

보모를 구하라는 주변 사람의 조언을 무시하던 마들로는 결국 툴리라는 보모를 불렀다. 툴리는 일반적인 보모와 달랐다. 엄마 마들로의 보모 같았다. 지쳐 있는 마들로를 위로해주고 안아줬다. 그녀의 삶을 충전시켜주기 위해 애쓰는 보모였다. 마들로는 하루에도 천당과 지옥을 몇 번씩 오갔다.

이 영화의 반전은 말미에 나온다. 툴리는 마들로의 어릴 적 자신이었다. 우울증이 심했고 외로움에 허덕이던 마들로는 정신과 약을 먹고 있었다. 교통사고가 나면서 모든 것이 꿈이었다는 걸 알게 됐다. 안타까웠다. 망상 속에 보모를 두고 육아하는 마들로의 심정을 생각하니 눈물이 났다.

나를 돌봐주는 보모가 있었으면 어땠을까? 갑작스럽게 엄마가 된 내게도 툴리가 있었으면 어땠을까 생각해봤다. 채워지지 않는, 그 무언가를 채울 수 있을지도…….

시어머님의 친구분 이야기다. 1남 1녀를 키운 그분은 어릴 적부터 아이의 동선 하나까지 정해주고 일러줬다고 한다. 학원도, 만나는 친구도 정해줬단다. 자식을 위해 가게를 하며 평생 쉬지도 않고 일하셨다고. 첫째는 공부에 재능이 있었고 부모가 시키는 대로 잘 따라와 줬지만, 문제는 둘째였다고 한다. 둘째는 모델이 되고 싶어 했는데, 여자 직업으로 모델은 좋지 않다며 딸을 요리 고등학교에 입학시켰단다.

자신의 의사와 상관없이 요리를 배우게 된 둘째는 학교에 적응하지 못했다. 담임선생님은 수시로 전화를 했다. 엄마는 매번 선생님을 찾아갔다. 치맛바람이 보통 아니었다고. 엄마의 학교 방문에 아이는 더 적응하지 못했다. 학비만 낸 격으로 졸업을 했다. 채썰기도 제대로 하지 못하는 요리학교 졸업생. 대학은 가지 않았다. 압구정동에 원룸을 얻고 매달 생활비를 몇 백만 원씩 받으며 호화로운 생활을 했다. 그 이후로는 둘째 이야기를 안하신다고 한다.

공부 잘했던 첫째는 명문대 졸업 후 미국으로 유학을 갔다. 유학길에 인턴 생활을 했다. 미국 이주민 자가 되기 위해 정식 직원 시험을 봤고 합격했다. 미국에서 만난 한국 여자와 연애 후 결혼식을 올렸다. 결혼 후 동반자와 함께 미국으로 간 첫째는 1년에 한 번 정도 한국에 들어온다고 했다. 아직 아이도 없고 낳을 생각도 없단다.

시어머님의 이야기 끝은 이랬다. "내가 복 받았어. 자식 다 키워놓고도 가까운데 살아 자주 보고 말이야. 손주들도 4명이나 되고, 보고 싶을 때 볼 수 있으니 내가 낫지. 안 그렇냐?"

"어머님이 더 행복할 것 같아요. 그분 적적하지 않으시대요?"

"어느 순간부터 자식 이야기는 하지도 않아. 애들 어릴 때는 자랑을 그렇게 하더니 말이야. 너도 애들 애쓰면서 키우지 마라. 크면 부모 고마운 줄 반도 몰라. 보고 싶을 때 못 보는 부모 자식 관계가 무슨 소용 있니."

단편적인 이야기지만 부모로서 씁쓸했다. 끝이 보이지 않는 부모 역할의 종점을 위해 나는 어떻게 해야 할까. 인정받기 위해 애쓴 건 아니지만 자식도, 주변 사람들도, 애씀의 반도 인정해주지 않으니…….

모 제약회사의 피로회복제 광고 '부모로 산다는 것' 시리즈는 우리들 삶을 풍자적으로 묘사한다. 할아버지가 손주들을 기다리며 집 안 청소를 하고 있다. 놀러온 손주들이 쌀을 바닥에 붓고 화분을 망가뜨렸다. 밥상을 빙빙 도는 아이들을 보며 며느리에게 물었다. "밥 먹고들 갈 거지?" 자식들을 배웅하고 난 할아버지의 말이 걸작이다. "가면 더 좋지~." 안 오면 보고 싶고 오면 힘든 아이러니함, 끝없는 부모의 고충이다.

어떻게 자식을 바라보고 키워야 하는지 한 번쯤 되짚고 가야 할 것이다. 현재 우리나라는 저출산 고령화 사회가 되어 가고 있다. 통계청에 따르면, 0~14세 인구가 2030년엔 656만 명으로 감소할 것이라 한다. 반대로 65세 이상 인구가 2배로 증가한다고 한다.

내가 낳은 두 아이는 양쪽 부모님께 사랑을 듬뿍 받는다. 친정

부모님에게 손주는 두 명밖에 없다. 친정이 멀다는 이유로 방학 때 1주일 정도 머물고 온다. 1주일간 입을 옷과 생필품을 챙겨 버스에 올라탔다. 3시간 정도 지나 친정에 도착했다. 미리 마중을 나온 친정아버지는 우리를 반갑게 맞아주셨다.

환갑이 지난 나이에도 부모님은 맞벌이하신다. 친정엄마는 한 푼이라도 더 벌어서 애들 장난감이라도 사줘야 한다며 열심이시다. 친정엄마가 퇴근할 시간에 맞춰 회사에 마중 나갔다. 멀리서 애들 이름을 부르며 달려오시는 엄마. 엄마의 눈가 주름이 더 선명해진 것 같았다. 멀리 산다는 이유로 자식들을 자주 보지 못해 반가움이 더 크시다. 집으로 가는 길에 꼭 대형 할인점에 들러 쇼핑하고 저녁을 먹는다.

"외할머니 집은 참 좋아. 신호등만 건너면 큰 마트가 있으니깐."

장난감 판매대에 들러 손주들이 갖고 싶어 하는 장난감을 사주신다. 요즘 장난감은 변신 조금 하면서 10만 원이나 한다. 변신 로봇뿐만 아니라 팽이도 5만 원 상당이다. 평소에 장난감을 맘 편히 사줄 수 없는 나로서는 부모님께 미안하기도 하지만 감사함이 더 클 수밖에 없다. 각각 하나씩 골라 카트에 담고 1주일간 먹을 간식을 사러 향했다. 과자, 음료수, 과일을 골라 계산하니 30만 원이 넘었다. 죄송한 마음에 지갑을 열면 엄마는 내일 맛있는 거 사달라며 내 손을 뿌리치셨다. 더 강하게 나갈 수 있지만, 일보 후퇴

했다. 무거울 만한 장난감을 양팔 벌려 안고 가는 아이의 모습을 보며 우린 흐뭇해했다.

집으로 돌아와 연신 조립을 하고 가지고 노느라 바빴다. 하지만 다음 날만 되면 장난감에 주는 관심은 줄어든다. 눈길도 손길도 말이다.

"벌써 다 가지고 놀았어? 이게 얼마짜린데 안 가지고 노는 거야?"

"조금 있다가 가지고 놀게요."

"빨리 가지고 놀아. 안 그러면 다신 장난감 안 사줄 거야."

시간이 지날수록 시들해진 고가의 장난감이 한두 개가 아니었다. 집에만 가면 플라스틱 덩어리가 된다. 볼 때마다 속상했다. 부모님의 사랑이기 때문에 버리지도 못한다.

"할머니, 할아버지가 10만 원 벌려면 온종일 일해야 해. 안 가지고 놀 거면 사지 마!"

친정에 내려오기 전에 있던 일이 생각났다. 장을 보러 마트에 갔을 때다.

"엄마, 나 이 장난감 사고 싶다."

"너무 비싸. 다음 주에 외갓집 가니간 그때 사면 되겠다."

아이도 나도 익숙한 분위기다. 나조차도 친정 부모님이 당연히 사주실 거라 생각하고 있었다. 소위 말하는 식스포켓(six pocket)이다. 식스포켓은 1990년대 일본에서 등장한 용어다.

6개의 주머니라는 뜻으로 한 자녀를 위한 돈이 부모, 조부모, 외조부모 등 6명의 주머니로부터 나온다는 의미다. 부모가 자녀에게 전폭적인 경제적 지원을 하며 정성과 사랑을 쏟는 것은 물론, 자금력 있는 조부모가 집안의 귀한 손주를 위한 지출을 아끼지 않는 현상이다. 할아버지와 해외여행을 다녀왔다는 말도 흔히들 한다. 감사하면서도 슬픈 현실이다.

이런 현실과 더불어 아이들을 위한 비즈니스 사업이 급성장 중이다. 아파트 분양 광고를 봐도 단지 안에 최신형 놀이터와 물놀이장을 내세우며 홍보한다. 시중에는 영유아와 초등학생을 대상으로 하는 사업이 넘쳐나고 있다. 아이들 대상의 인터넷 방송도 많다. 방송에서 소개되는 장난감은 사고 싶어도 못 살 정도로 인기다. 새로운 사업 영역이 넓어지는 긍정적인 측면도 있지만, 아이들 간 위화감 조성이나 가계 부담 증가라는 부정적인 측면이 문제다.

내가 조부모나 외조부모가 되었을 땐 어떤 현상이 일어날까? 혹시 할머니가 되지 못할 수도 있진 않을까? 단편적인 예로 현시대의 부모들의 삶을 고민해봤다. 어두운 면만 다룬 것 같지만, 이 어두운 면을 제대로 보고 판단해보면 좋겠다. 한 번쯤은 짚고 넘어가야 하니깐 말이다.

대한민국 부모가 된 이상 후퇴는 없다. 어른이 되지 못한 부모는 되지 말자. 나 먼저 어른이 되자. 자식을 어른으로 만들어주는 게 아니라 아이 스스로 어른이 되게 하자. 그 옆을 함께 가는 동지가 되자. 너도 나도 모두 성장하는 중이니깐 외롭지 않은 동지가 되자. 협력의 관계로 협동도 하면서 늙어가고 싶다. 지구별에서의 삶이 외롭지 않게 함께 여행하는 동반자가 되자. 내 뱃속을 통해 지구 여행을 시작했지만, 그들의 삶까지 내 뱃속에서 정해지진 않았을 것이다. 내 몸을 통해 세상에 나왔지만 내 것이 아닌 그들의 삶을 살겠지. 그 삶을 옆에서 지켜봐주는 엄마가 되고 싶다. 응원도 질책도 하면서…….

대한민국에서 부모로 산다는 것? "힘겨운 고뇌보단 새벽녘 어둠 속에 비치는, 힘차게 떠오르는 태양 빛 같이 거듭나고 있다."라고 말할 수 있으면 좋겠다.

 Today's book

부모로서 내가 할 수 있는 것은 이제부터라도 나의 삶의 가치에 확신을 가지고 그 가치대로 사는 모습을 보여주는 것이다. 대물림된 나의 유예를 거두어들일 수 있는 방법은 내가 더 이상 그 유예를 허용하지 않는 것이다.
— **이승욱·신희경·김은산**, 《대한민국 부모》

2장

엄마와 독서

"반복 – 습관 – 소명"

행동이 반복되면 습관이 되고,
습관이 오래되면 소명이 생긴다.
딱 3일만 리모컨, 핸드폰을
내려놓고 책을 들어보자.

신세 한탄은
이제 그만

　책 읽는 엄마의 독서 예찬을 시작하기에 앞서 1장에서 엄마와 육아에 관한 생각들을 정리해봤다. 비판적인 부분이 많지만 사실 엄마로서 행복하고 보람된 일도 많다.

　책을 읽게 된 가장 큰 이유는 '나'가 없는 엄마의 삶 속에서 우울했기 때문이었다. 한 생명을 낳고 키우는 보람된 일을 하면서도 '나'를 잃어버린 채로 지냈다. 행복보단 우울함이 지배하는 삶이었다. 엄마가 된 30대 중반에 '어른 사춘기'가 찾아왔다. 내가 누군지에 대한 의문과 풀리지 않는 실타래를 독서라는 '나를 찾아가는 여행'으로 풀어나가기 시작했다.

　자기 탐색, 자기실현 등 '나' 들여다보기를 외면하지 말자는 생각이 들었다. 결혼 전에는 외면해도 괜찮았다. 그런데 엄마가 되니 그동안 외면했던 자아가 '자꾸 도망갈 거야? 외면하지 마!'라고 외치듯 내 앞에 나타났다. 피할수록 후유증이 더 컸다. '내 팔자야! 내 신세야! 다 너 때문이야!' 하면서 말이다. 내 발목을 잡는 건 아이이고 내 신세는 신랑을 만나면서부터 꼬인 거라고 단정 지었다. '나'는 문제없고 '너'만 문제가 있다고 말이다.

큰아이 초등학교 1학년, 작은아이 4살 때 일이다. 어린이집에 다니는 작은아이는 늘 울면서 등원했다. "일어나야지. 밥 먹고 어린이집에 가야지." 하고 깨우면 아침잠이 많은 작은아이는 눈을 잠시 뜨고 난 후 다시 잠을 청했다. 알면서도 모른 척했다. 작은아이는 뭐가 불만인지 일어나는 순간부터 짜증을 부렸다.

아침 메뉴는 베이컨과 김이다. 큰아이는 물렁물렁한 베이컨 구이를 좋아한다. 베이컨이 갈색을 띠면 건져낸다. 반찬 투정 없이 잘 먹는 편이다. 작은아이는 바싹하게 익힌 베이컨을 좋아한다. 과자 같은 식감을 원한다. 고기 비계를 싫어한다. 서로 다른 취향을 신경 쓰며 밥상을 차렸다.

기분이 좋지 않은 작은아이는 식탁에 앉자마자 반찬 투정을 했다. 훈련용 젓가락으로 베이컨을 뒤적거렸다. 돌덩이 같은 구이를 입속에 가져갔다. 몇 번 씹지도 않고 입을 벌리며 울었다.

"베이컨이 안 바싹해."

말도 안 되는 소리였다.

"먹기 싫으면 먹지 마. 어린이집 가서 죽 먹으면 되니깐."

아침부터 기진맥진이다. 지겹게 반복되는 하루의 시작이다. 서둘러 밖으로 나왔다. 어린이집 버스가 왔다. 문이 열리자 작은아이는 집 쪽으로 뒤돌아서서 뛰었다. 안 잡힐 줄 알았나 보다. 도망가는 아이를 안았다. 등원 도우미 선생님께 아이를 건넸다. 울음소리와 함께 버스는 출발했다.

아이가 도망간 그 길을 터벅터벅 걸었다. 미안함으로 마음이 아팠다. 가지 마라 하면 되는데, 오늘 하루는 쉬자고 했으면 되는데 난 혼자 있고 싶었다. 아무도 말 걸지 않는 시간을 갖고 싶었다. 식탁 위에 먹다 만 베이컨을 보니 울컥했다. 나도 안다. 어린이집 가기 싫어서 베이컨 탓을 한 걸 알면서도 모른 척했다. 엄마 경력 8년 차에 내 우울함은 한계치에 달했다. 열심히 잘 해내고 있다 생각했지만 그럴수록 엄마로 사는 삶에 회의감도 컸다.

'언제까지 이렇게 살아야 하지? 아이들이 다 커서 내 품을 떠나는 날이 있긴 할까?'

신세 한탄은 그만하고 싶었다. 사는 것이 힘들다고 말하고 싶지 않았다. 자그마한 일에도 크게 분노하는 내 자신이 싫었다. 어떻게 살아가야 하지? 어떻게 하면 좋지? 아직 갈 길이 먼데……. 다시 일어설 힘도 없는걸. 나가서 돈이라도 벌까? 안 듣고 안 보면 괜찮을까? 밤 10시까지 일하고 들어올까? 우울증 엄마보단 보육기관이 나을까? 몰라! 모르겠다! 그만하고 싶다. 정말. 나는 누구지? 왜 이리 힘들지? 왜 우울하지?

의문을 품고 원인을 파고들어보았다. 어떤 상처와 아픔이 있는 걸까? 나는 어떨 때 힘들어할까? 기분 좋을 때는? 혹시 이런 궁금증을 하나씩 풀어나가면 지금 삶에서 벗어날 수 있을까?

우울함이 나를 누르고 우뚝 서게 되면 성장은커녕 작은 성공도 없다. 사유는커녕 과거만 후회하고 현실만 탓하게 된다. 육아 우울증은 호르몬의 영향도 받고, 질병으로 분류될 만큼 큰 병임이 틀림없다.

차병원 건강 칼럼에 따르면, 여성이 남성보다 우울증을 2배 이상 경험한다고 한다. 특히 생리 주기의 변화, 임신, 산후기간과 같이 호르몬 변화가 있을 때 우울증 증가 우려가 있다고 한다. 출산 후 특히 취약하다고. 새로운 삶에 추가된 책임감뿐만 아니라 호르몬과 신체적 변화는 일부 여성에서 산후우울증을 가져오는 요소가 될 수 있고, 가족의 정서적 지지가 우울증을 극복하는 데 중요한 요소라고 한다.

아침 밥상을 정리하다 문득 식탁에 놓여 있는 책이 눈에 들어왔다. 가득 쌓인 육아서를 책장에 꽂아 정리하면서 재클린 크래머의 《엄마 명상》만 그대로 뒀나 보다. 사 놓고 읽지 않았던 책이었다. '반복되는 순간을 빛나는 순간으로'라는 부제도 와닿지 않았다. 그런데 엄마라는 삶에 의문을 가지고 있어서인지, 왠지 그 책이 끌렸다. 다시 읽어볼까?

찬찬히 읽어보니 아이를 돌보는 이야기가 아니었다. 임신부터 양육해 아이를 품에서 떠나보낼 때까지 엄마 '자신'을 어떻게 돌봐야 하는지 영감과 지혜를 전해주는 책이었다. 엄마로 잘 크기 위한 책도 있음을 알게 됐다. 신세 한탄은 그만하고 나를 찾아가는 여행을 시작하기로 했다.

남을 아는 것도 중요하지만 나 자신을 알아야 한다. 남을 이기려면 힘이 있어야 하고 나를 이기려면 '정말로 강함'이 있어야 한다. 소크라테스의 "너 자신을 알라."라는 말은 가장 기본이면서 제일 어려운 말이다. 알면서 외면했던 '나 찾기'를 책 읽기로 시작했다.

 Today's book

남을 아는 것이 지혜[智]라면, 자기를 아는 것은 밝음[明]입니다.
남을 이김이 힘 있음[有力]이라면, 자기를 이김은 정말로 강함[强]입니다.
— **노자**, 《도덕경》

드라마를 끊고
책을 읽다

　작은아이를 유치원에 등원시키는 길, 내 손에는 신랑이 벗어놓은 와이셔츠와 바지가 들려 있다. 그때 들고 가지 않으면 잊어버리기 때문에 챙겨 나온 것이다. 아이를 등원시키고 세탁소에 세탁물을 맡기고 집으로 걸어갔다. "엄마" 하는 소리가 들려 돌아봤다. 옆도 봤다. 남의 집 아이가 엄마를 부른 소리였다. 날 부르는 줄 알았다. 분명 두 아이가 각자 갈 곳을 간 상태인데 "엄마"라는 소리에 즉각 반응한 것이다.

　아이들은 늘 엄마를 부른다. 똥을 싸러 갈 때도 "엄마, 똥 싸도 돼요?" 하고 묻고, 혼자 뒤처리를 할 수 있는데도 "엄마, 다 쌌어요." 하고 엄마를 부른다. "어바, 마마, 어마, 옴마, 어엄마" 하던 아이가 처음 "엄마!"라고 제대로 부를 때의 전율은 말로 표현할 수 없다. 그토록 듣고 싶었던 단어가 이제는 적당히 듣고 싶다.

공감할 줄 아는 엄마는 내 제1원칙이다. 힘들어도 들어주고 졸려도 눈 뜨고 쳐다봤다. 방학이면 감정노동자가 된다. 공감 잘해주면, 사랑을 듬뿍 주는 줄 알았다. '사랑 속에 행복한 아이로 키우는 게 뭐 어렵다고 못 할까? 돈이 드는 것도 아닌데…….'라는 생각으로 아이가 "엄마" 하고 부르면 무조건 반응하는 게 당연한 모습이었다.

집안일을 끝내면 소파와 혼연일체가 되어 누웠다. 두 아이의 모습이 눈에 들어왔다. 도미노를 만드는 중이었다. 둘이 반씩 나눠 따로 했다.

"누나, 저쪽에 떨어져서 해. 좁아서 불편해."

"네가 가. 왜 내가 가야 해?"

"누나, 내가 먼저 여기 앉았잖아."

"여기가 네 집이야?"

한껏 예민해 있던 나는 점점 화가 속에서 부글거리며 올라왔다.

"이 집은 엄마, 아빠 집이야. 너희 집 아니거든?"

"엄마, 아빠 집이래. 누나 집도 아니잖아."

티격태격하던 남매는 엉덩이를 마주하며 도미노를 줄지었다. 엉덩이가 부딪히는 순간 둘째의 도미노가 쓰러졌다. 속으로 생각했다. 큰일 났다! 화산폭발 일보 직전! 화의 표출로 울음과 콧물이 뒤섞였다. 속상해하는 작은아이를 안아줬다. 차라리 쌓아놓은 빨래를 갤 걸 그랬다.

집안일은 끝도 없다. 집안일 말고 할 수 있는 게 이렇게 없나? TV 볼까? 미디어의 노출을 최소한으로 설정했기 때문에 스마트폰을 손에 들면 아이들이 몰려왔다. 편히 쉬어야 하는 집이건만 마음도 몸도 편치 않다. 식탁으로 갔다. 거실이 보이는 식탁에 앉았다. 울던 아이는 다시 웃고 있었다.

내 감정노동으로 괜찮아진 걸까? 거리를 둬야겠다. 혼자 앉아 멍하니 손가락만 쳐다봤다. 잠자리에 들 시간은 1시간이나 남았다. 태권도 관장님이 나눠준 《좋은 생각》이 보였다. 식탁에 앉아 한 장씩 넘겼다. 한 글자라도 놓치고 싶지 않았다. 책을 들고 있으니 엄마를 자주 부르지 않았다. 부름이 없으니 응답할 필요도 없었다.

침대에 누우면 옆에서 날뛰며 노는 아이들이, 식탁에 앉아 책을 폈더니 근처에 오지도 않았다. '뭐지? 어라. 이거 괜찮네?' 그 후 내가 끼어들지 않아도 될 상황에는 식탁으로 갔다. 인터넷 검색도 책 위에 스마트폰을 올려놓고 했고, 한 페이지라도 더 책을 읽으려고 노력했다. 느리게 가던 시간이 빨리 갔다. 아이와 거리 두기, 아이와의 분리를 나는 책 읽기로 했다.

나만의 공간이 없다고 투덜거렸는데, 책을 읽기 시작하니 어디든 책과 함께하는 공간이 나만의 공간이 됐다. 똑똑한 사람이 되기 위해 책을 읽은 게 아니었다. 엄마라는 부름에 도망가고 싶었다는 게 솔직한 이유다. 잠깐만이라도 쉬고 싶었다. 책만 있으면 쉴 수 있었다. 쉬려고 펼친 책이 독서의 시작이 될 줄 처음에는 몰랐다.

혼자 있는 시간엔 TV와 낮잠으로 자유를 만끽했다. 약속 없는 날은 두 아이가 돌아오는 3시까지 누워 있었다. 좋아하는 드라마를 연이어 봤다. 보다 잠이 오면 잤다. 눈을 떴다. 아까 보던 드라마가 두 편 이상 지나가 있었다. 다시 돌려서 봤던 것을 보고 또 봤다. 지겨우면 다른 채널로 옮기면서 아무 생각 없이 TV를 봤다. 누구 하나 말 걸지 않는 그 시간이 참 좋았다. 외롭지도 않았다.

그런데 계속하다 보니 무료했다. 어디 갈까? 누굴 만날까? 아이들이 집으로 올 시간이 1시간 남짓 남았다. 무료함이 가득 차서 넘쳐날 때쯤 내 몸은 식탁으로 향했다. 의자를 빼고 앉았다. 보던 책을 폈다. 잠이 올까 봐 노래도 틀었다. 커피 한잔을 타야겠다. 다시 일어나 커피를 탔다. 커피 향, 책, 흘러나오는 재즈가 있으니 북 카페가 따로 없었다.

"이 분위기 괜찮네? 집에서도 가능하구나."

신기했다. 삶에 생기가 돌았다. 혼자 있는 그 시간, 책과 함께했을 때의 에너지! 충만하고 가슴 뛰는 느낌! 바로 이거야. 맛있는 건 한입 더 먹고 싶은 법이다. 책 읽기도 그랬다. 아이들과 거리를 두기 위해 시작한 책 읽기가 조금씩 일상에 들어왔다. 읽다가 핸드폰을 들여다보기도 하고 화장실도 갔다. 딴짓을 했다가도 책을 잡았다.

　유치원 정규 수업은 2시에 끝난다. 방과 후 수업을 하면 3시에, 종일반은 5시에 끝난다. 작은아이는 유치원에 적응하고 즐겁게 등원했다. 작은아이 6살 때부터 나는 낮에 공부하거나 일을 했다. 지방에 갔다 온 날에는 3시까지 올 수 없었다. 일이 있을 때만 종일반을 시켰다. 신데렐라처럼 하원 버스가 도착하기 전에 집으로 돌아와야 했다.

　"엄마, 오늘 어디가?"

　"아니, 오늘은 집에 있을 거야."

　"그럼 오늘은 3시에 올게."

　큰 불평 없이 유치원에 잘 가는 아이가 고마웠다. 일찍 귀가해 과자도 한아름 샀다. 아이는 집으로 돌아와 손을 씻고 TV를 봤다. 여유시간이 생겨 식탁으로 가서 보다만 책을 폈다. 아이는 TV를 보고 난 책을 봤다. 혼자 리모컨을 독차지한 아이는 신이 났다. 슬슬 저녁밥 준비를 하러 자리에 일어나면서 계속 TV를 보는 아이에게 말했다.

　"이제 그만 보자."

　"보던 거만 보고 끝게."

　"적당히 봐야지. 일찍 와서는 평소보다 더 TV만 봤잖아."

　"엄마, 그럼 나도 학원 다닐래."

이 상황에서 학원을 보내 달라니? 공부하라고 잔소리를 한 게 아닌데 말이다. 심심한 시간을 주고 싶었다. 같은 아파트에 사는 작은아이 친구는 월요일과 수요일에 학습지 센터에 가서 2시간 동안 공부를 하고 집에 온다. 친구가 센터에 가는 날에는 같이 놀지 못한다. 그날도 그랬다. 아이는 바쁜 친구가 생각났나 보다.

"바쁘게 지내고 싶어?"

"나도 바빠지고 싶어. TV도 적당히 보고 싶어. 학원 다니면 바쁘잖아. 친구처럼 센터 갈래."

"학원 간다고 바쁜 거 아니야."

"엄마, 핸드폰 줘봐. 학원 검색해보게. 축구학원이랑 미술학원 검색해보자."

"뭐? 초등학교 가면 이야기해. 심심하면 한숨 자든지."

아이는 잠시 아무 말이 없다가 TV를 끄고 블록을 가져와 놀더니 금세 공룡을 만들었다며 보여줬다. "아, 공룡을 만들었구나. 어떻게 생각해서 만든 거야?" 하고 대꾸해주고 생각에 잠겼다. 애나 어른이나 지루함을 못 견디는 건 똑같구나. 지루함을 이겨낼 재미를 찾으면 될 텐데……. 친구랑 같이 학원 다니고 싶다던 아이가 TV를 끄고 금세 다른 흥밋거리를 찾은 것처럼 말이다.

책 읽기로 지루함을 이겨낼 수도 있다. 처음부터 책 읽기가 쉬운 사람이 있지만, 책 읽기가 익숙하지 않다면 몸에 밸 때까지 어느 정도의 노력이 필요하다. 텍스트와 친하지 않은 사람은 글자를 읽어 내려가는 게 지루할 수 있다. 알고 싶은 내용이 아니면 지루함은 더 빨리 찾아온다.

책 읽기 초반에는 보고 싶은 것만 봤다. 원하는 정보를 얻기 위해 육아서를 닥치는 대로 읽었다. 일단 책 읽는 습관을 들이려면 지루함을 견뎌야 한다. 지루함 속에 문득 만나는 깨달음은 독서의 쾌감을 가져다준다.

책보다 드라마를 좋아할 수도 있지 않느냐며 취향 문제라고 할지도 모르겠다. 책이 아니어도 드라마나 예능을 보고 깨달음을 얻기도 한다. 하지만 책이 주는 매력이 있다. 정지된 문자는 생각할 시간을 준다. 줄과 줄 사이에서 잠시 멈춰 생각하고 그것을 옮겨 적을 수 있다. 멈추고 사색하고 사유하고 기록한다. 행간이 있음이 얼마나 감사한지 모른다.

책 읽는 아이로 키우고 싶은 마음에 아이들에게 책 읽기를 권하지 않은가? 책 읽기의 중요성은 이미 알고 있다. 단지 책이 삶의 우선순위에 있지 않은 것뿐이다. 삶의 우선순위로 책 읽기가 자리 잡히려면 노력해야 한다. 시간을 투자해야 한다. 지루함을 이겨내고, 매일 반복해야 한다. 반 페이지라도, 한 줄이라도 매일 읽다 보면 습관이 된다. 드라마 두 편 볼 거 한 편만 보고 책을 읽자.

평범한 사람이 자신의 꿈과 목표를 달성하기 위한 유일한 방법은 지속적인 습관의 실천뿐입니다. 여러분에게는 어떤 좋은 습관이 있습니까? 만약 없다 해도 늦지 않았습니다. 여러분이 거부하지만 않는다면 작은 습관은 여러분이 원하는 습관이 몸에 배게 하여 목표를 달성하도록 반드시 도와줄 것입니다.

— **이범용**, 《습관 홈트》

식탁을
나만의 서재로

어릴 적에 나는 단칸방에 살았다. 내리막길 끝자락에 반쯤 걸쳐진 옛집은 지하 1층 같기도 하고 지상 1층 같기도 했다. 화장실은 두 집이 공동으로 사용했다. 부엌 옆 하수구에 생쥐가 갈 길을 잃고 쥐약에 취해 쓰러져 있기도 했고, 한밤중에 날아다니는 바퀴벌레에 놀라기도 했다. 내 목덜미에 앉아 있다가 엄마 얼굴로 날아가는 벌레의 윙 소리에 자다 깬 적도 있다. 중학교 1학년 때 이사함으로써 불편함에서 해방됐다. 이사 간 집은 주방과 거실의 분리가 없었지만 세 식구가 살기에는 안성맞춤이었다.

결혼 후 5년 차에 지금 사는 집으로 이사했다. 주머니 사정에 맞게 집을 고르다 보니 17년 된 32평의 아파트를 장만하게 됐다. 새 아파트는 아니지만, 애들 학교도 바로 앞에 있고 걸어서 병원이며 마트에 갈 수 있어 교통이 편했다. 거실과 주방이 분리된 구조도 마음에 들었다. 그 경계선에 신혼 때 산 아일랜드 식탁을 놓고 바형 의자 두 개를 뒀다.

돌아다니며 밥을 먹는 둘째아이의 식습관을 고치기 위해 식탁에 앉혀 밥을 먹였다. 그전에는 몰랐는데 높은 의자가 위험해서 4인용 식탁으로 바꿨다. 정사각형 식탁에 앉아 커피 한잔할 때의 여유가 좋다. 고층이다 보니 마치 구름을 아래 두고 하늘과 맞닿은 듯해 신선놀음이 따로 없었다.

아이들은 내가 안방에 들어가면 안방으로 몰려왔다. 현관문 옆 작은 방에서 빨래를 개면 그 방에 있는 장난감을 꺼내 옆에서 놀았다. 식탁은 거실과 주방의 경계선에 놓여 있다. 아이들과 거리를 두기 위해 식탁에서 책을 폈다. 오로지 아이만 보는 시선을 다른 곳에 옮기려고 애썼다. 희한하게 식탁에 앉아 있으면 아이들이 거실에서 잘 놀았다. 엄마의 도움이 필요하면 부탁을 하고 다시 놀이로 돌아갔다. 식탁과 맞닿은 벽에 세워놓은 달력과 영양제 자리엔 책과 노트가 자리해 있다. 세워놓은 책들은 권수가 많아지면서 위로 포개졌다.

"엄마, 이 책 샀어요? 엄마는 책 자주 사네. 나도 책 사고 싶다."

"아빠 월급 타면 한 권씩 사자."

"독서 천재가 된 홍 대리? 무슨 내용이에요?"

"어떤 아저씨가 신세 한탄만 하다가 생활을 변화시키기 위해 책을 읽었어. 독서를 왜 하는지 목적을 찾고 자신이 이루고자 하는 성공을 이루는 이야기야."

"신세 한탄이 무슨 뜻이에요? 독서가 성공시켜줘요?"

큰아이는 엄마의 대답에 궁금증이 폭발했는지 질문이 끊이지 않았다. 평소 아이와 대화하다 보면 결국엔 '~해라', '~하지 마라'라는 잔소리로 끝내는 경우가 많았다. 그럼에도 엄마에게 관심이 많은 아이는 엄마가 읽고 있는 책에도 관심을 보였다.

"신세 한탄은 처지나 형편을 슬퍼하거나 힘들어하는 상황을 말해."

"아, 그럼 엄마가 빨래하면서 집안일은 끝도 없다고 한숨 쉬는 것도 신세 한탄이겠네요?"

"엄마가 그런 말 자주 해? 맞긴 맞지. 예시를 잘 들어 줬어. 참, 독서가 꼭 성공하게 해주진 않지만, 삶의 다른 방향은 제시해주는 것 같아. 무슨 말이냐면……."

"알겠어요. 무슨 말인지. 책 읽는다고 공부 잘하는 거 아니란 말이죠?"

'네가 뭘 안다고'라는 잔소리는 하지 않았다. 식탁에서 아이와 눈을 맞추며 책 제목 하나로 시작한 대화가 막힘없이 이어졌다. 밥 먹을 때 밥알을 계속 흘리는 아이에게 잔소리하는 것보다 무슨 주제든 이야기를 나누는 게 좋지 않을까. 핸드폰 보며 밥 먹는 이 시대에는 더더욱 대화가 필요할 듯하다.

나는 식탁에서 갖가지 음식도 먹지만 심리학, 소설, 자기계발서, 철학 등 다양한 분야의 책도 읽는다. 밥보다 좋은 보약은 없다고 한다. 책도 그렇다. 1권, 10권, 20권 읽을수록 몸과 마음에 보약 먹은 효과가 나타난다. 엄마들이 가장 빨리 앉을 수 있고 집안 중심에 놓인 식탁에서 책을 펼쳤으면 좋겠다.

우리 집은 방이 세 개인데, 애들한테 방 하나씩 주고 세 식구가 안방에 모여 잠을 잔다. 방 하나를 서재로 꾸미고 싶다는 바람은 있지만 궁궐 같은 평수면 몰라도 여의치 않다. 거실에 책장을 두고 서재로 꾸밀 수도 있고 화장대를 치우고 책상을 놓을 수도 있겠지만 나는 식탁을 개인 서재로 사용했다.

개인 서재는 지식과 생산의 원천을 만드는 곳이라고 한다. 지금 난 안방을 정리하고 만든 0.5평 개인서재에서 책을 읽고 글을 쓴다.

엄마의 도움이 줄어들자 아이 혼자 할 수 있는 일이 많아졌다. 아직 온전히 분리되기 전이지만 입으로도 육아할 수 있게 됐다. 멍하니 할 게 없을 때에는 "엄마, 오징어 어떻게 색종이로 접어요? 엄마 가위 어디 있어요?"라는 아이의 부름에 즉각 달려갔다. 책을 읽고 있을 때 아이가 부르면 이젠 입으로 도움을 준다. "1번부터 하나씩 따라 해봐. 가위는 책상에 있겠지. 네가 썼으면 네가 어디 있는지 잘 알지 않을까? 세 번 해보고 안 되면 이야기해줘." 책 읽기 흐름이 깨지는 게 싫어서 입으로 육아하기 시작했다. 아이는 이제 혼자서 할 수 있다는 것을, 좀 더 노력하면 된다는 것을 안다. 집 안 한가운데 앉아 아이들의 동선을 파악하며 책을 읽으니 마음도 편했다.

늘 앉던 자리에만 앉았는데, 4년 넘게 앉았더니 의자가 내려앉았다. 임시방편으로 네 개 의자에 번갈아가며 앉았다. 가끔 집에서 밥을 먹는 신랑이 말하기 전까지는 알지 못했다. 멀리서 보면 내가 앉은 자리의 바닥만 하얗다. 일어섰다 앉기를 반복하니 마룻바닥도 상태가 안 좋다. 의자를 바꾸면 되지 뭐가 문제냐고 할지도 모르겠다. 긁힌 바닥과 내려앉은 의자는 내 삶에 책 읽기가 녹아들었다는 반증이라 말하고 싶다.

작가들의 인터뷰나 책 소개 동영상을 보면 배경이 비슷하다. 다닥다닥 붙은 책장에 빼곡하게 책이 꽂혀 있다. 아르헨티나의 소설가 보르헤스는 책을 열렬히 사랑한 작가다. 그는 점차 시력이 떨어져 책 읽기가 어려워졌다. 당시 서점에서 일하던 알베르토 망구엘은 보르헤스에게 책 읽어주는 일을 하게 됐다. 알베르토 망구엘은 아르헨티나의 작가이자 비평가다. 몇 년 동안 보르헤스의 집을 오가면서 책을 읽어주고 그의 비평을 들었는데, 그 과정이 지금의 알베르토 망구엘을 만들었다고 해도 과언이 아니라고 한다.

보르헤스 집을 처음 방문한 알베르토 망구엘이 깜짝 놀란 이유가 재미있다. 왠지 유명한 작가이고 하니 책장에 책이 가득할 것만 같은데, 책이 고작 수백 권밖에 되지 않았다는 것이다. "다른 작가들은 그렇게 살진 몰라도 여기 부에노스아이레스 작가들은 요란스럽게 구는 걸 싫어해."라고 보르헤스가 작은 책장을 둔 이유를 말했다고 한다. 지식과 지성은 보유한 책의 권수와 책장 크기에 비례하지 않다는 말이 아닐까.

식탁과 맞닿은 한쪽 벽에 책을 세워두어도 작은 책장이 된다. 책장에 책만 채워놓고 장식해놓는 것보다는 몇 권의 책이라도 식탁 한쪽에 두고 자주 읽는 게 더 낫다. 한 권만 있어도 책을 읽는 그곳이 서재가 된다. 그곳이 나는 식탁이었다. 행주에 물을 묻혀 깨끗이 닦고 물기가 마르기 전에 앉자. 책을 펴고 마음의 양식을 마음껏 먹어보자.

 Today's book

하루하루가 그저 버겁고 힘겨웠던 그때의 나에게 가장 간절했던 건 오롯이 나 혼자 존재할 수 있는 찰나의 시간과 비좁은 공간이었다. 다리를 구부리고 앉아야 하는 한 평일지라도, 있었는지도 모르게 사라지는 5분일지라도, 우리에겐 언제나 누군가의 무엇이 아닌 나 자신으로 숨 쉬고 생각할 수 있는 순간이 필요하다. ― **김슬기**, 《아이가 잠들면 서재로 숨었다》

독서는
엄마부터

헤르만 헤세는 "인간의 영혼을 바쳐서 창조한 여러 세계 가운데 위대한 것은 책의 세계다."라고 했다. 독서 습관을 들이기 위해 노력했다. 외출할 때마다 가방에 책 한 권을 넣는다. 외출 시 읽을 책을 챙겨오지 않으면 독서 금단 현상이 나타난다. 불안하고 초조하다. 어디를 가든 기다리는 시간이 길어질 것 같으면 책을 폈다.

3년 전에 산 노트북은 전원 버튼을 눌러 놓고 커피 물을 끓이고 돌아와야 로딩이 끝난다. 기다림에 익숙지 않을 땐 마우스를 이리저리 눌러대며 클릭을 해댔다. 지금은 기다리는 동안 책을 편다. 한 줄이라도 읽고 '오늘 나에게 주는 메시지는 무엇일지' 생각한다. '책맛'을 본 순간, 먹어보고 음미할 게 많다는 사실에 기쁨이 밀려온다. 죽을 때까지 읽을 수 있는 책이 어마어마하게 많다. 책을 읽으니 심심함도, 외로움도 느낄 새가 없다.

육아서를 250권 정도 읽었다. 한 분야만 읽다 보니 자연스럽게 다른 분야로 넘어갔다. 육아서에는 자기계발서나 심리학에 나오는 인용구가 많다. 결국에는 심리, 자기 관리가 육아에도 필요하다. 읽을수록 아이 키우는 법과 좋은 엄마가 되기 위한 방법론에서 벗어나고 싶었다. '나'가 중심이 되는 책 읽기를 하고 싶었다.

자기계발서를 싫어하는 사람이 많다. 다 뻔한 이야기인 데다 동기부여는커녕 부담감만 주는 게 싫다는 이유다. 사람마다 책을 읽는 성향과 관심사가 다르다. 나는 한때 자기계발서만 읽었다. 삶의 에너지가 없을 때, 똑같은 삶 속에서 새로운 방법을 시도해 보고 싶었다.《독서 천재 홍 대리》를 시작으로《마케팅 천재 홍 대리》까지 홍 대리 시리즈를 몽땅 사서 봤다. 홍대리 시리즈를 읽으면서 희미한 희망의 불빛을 봤다. 책을 읽으며 얻는 영감과 깨달음으로 삶을 변화시키는 홍 대리처럼 나도 변할 수 있을 것 같아서 꼬리에 꼬리를 물며 자기계발서를 읽어댔다. 동기부여도 차고 넘치니 자연스럽게 심리학 서적으로 손길이 옮겨 갔다. 책을 한 권 다 읽으면 다음 책으로 넘어갔다. 중독이라도 된 듯 읽었다. 순식간에 삶이 180도로 바뀌진 않았지만, 책 한 권 읽을 때마다 새로운 사람이 되어갔다.

책 읽는 습관을 길러주고 싶어서 아이들 책장에 어떤 책을 꽂아줘야 할지 늘 고민했다. 어느 출판사를 선택할지, 어디에서 사야 할지, 이 책을 읽으면 아이들의 사고가 깊어질지, 삶의 자세가 바뀔지 고민했다. 그런데 시간이 지날수록 책을 사주는 목적이 흐릿해졌다. 책을 보지 않는 아이의 모습이 불안해서, 아이가 책을 손에서 놓을까 봐 계속 책을 들여놨는지도 모른다.

몸살감기로 온몸이 욱신거렸다. 1년 동안 묶어두었던 적금 만기일이었다. 아이들과 함께 이자를 찾으러 은행에 갔다. 일상의 소소한 행복이다. 많은 돈은 아니지만 깨지 않았다. 원금과 이자를 같이 묶어놓으려다 원금만 저금했다. 이자로 가족여행을 가기로 했다.

"애들아, 내일 서울여행 갈까?"

"서울여행이요? 좋아요!"

"여보, 몰랐지? 오늘이 적금 만기일이었어. 이번 주에 서울 가자. 내가 쏠게."

당일 아침 눈을 떴다. 머리가 무거웠다. 몸이 퉁퉁 부었다. 밤새 코가 막혀 마른입이 깊은 잠을 방해했다. 주말이면 일찍 일어나는 아이들은 배가 고프다 했다. 놀러 가는 날 아침은 사 먹으면 좋으련만. 무거운 몸을 일으켜 세워 머리부터 감았다. 밥을 차렸다. 손목과 손가락이 흐느적거렸다. 그릇을 자꾸 떨어뜨렸다. 신랑이 서울 갈 준비를 하라며 밥을 대신 차려준다 했다. 옷과 충전기를 챙겼다. 오랜만의 여행인데 힘을 내야지! 차를 놔두고 대중교통을 택했다.

고속버스에 타자마자 잠이 들었다. 아이들은 버스만 타도 좋아한다. 지하철을 갈아타고 서울 버스를 타며 본격적인 여행을 시작했다. 마스크를 쓰고 패딩으로 아픈 몸을 지켰다. 아프니 말수가 줄어들었다. 눈을 떴을 때 느낀 몸의 상태가 맞았다. 여행은 다음으로 미뤘어야 했다. 가족들이 실망할까 봐 최대한 티 내지 않았다. 신랑은 내가 애쓰고 있다는 것을 알고 있었다.

서대문자연사박물관, 남대문시장, 홍대, 남산의 코스로 1박 2일의 서울여행을 끝냈다. 집으로 돌아오는 버스에서 신랑이 말했다.

"밤새 끙끙 앓더라. 많이 힘들었지?"

"끙끙 앓았어? 나 많이 아팠나 봐, 정말."

"엄마, 서울여행 재미있었어요."

"그랬어? 엄마가 아픈데도 너희가 재미있어하니, 집에 가잔 말이 안 나오더라. 뭐가 제일 재미있었어?"

"홍대에서 한 풍선 던지기요."

"나도, 나도"

웃음이 났다. 자연사박물관에서 본 공룡이라 답할 줄 알았다. 남산에서 탄 케이블카가 재미있었다고 할 줄 알았다. 그 대답을 듣고 싶었는지도 모른다. 아이들의 생각은 자주 빗나간다. 어쩌면 엄마 욕심에 체험하며 새로운 견문과 생각의 확장을 바랐는지도 모르겠다. "너희가 사는 곳보다 더 크고 복잡한 서울이라는 곳의 생활이 어떤 영향을 주겠지."라고 지레짐작하면서 말이다. 집 앞 오락실에만 가도 있는 풍선 던지기가 제일 재미있었다는 아이의 말에 당황하기도 하면서 웃음이 났다.

아이 처지에서 생각해본 적이 있었을까? 친구에게 이 이야기를 했더니 친구도 하와이 여행을 다녀올 때 비슷한 경험이 있단다. 하와이에 처음 가는 아이에게 영화 〈모아나〉를 기내에서 보여줬단다. 하와이가 어떤 곳인지 〈모아나〉를 통해 보라고 말이다. 친구는 여행 후 아이에게 물었다.

"하와이 갔을 때 뭐가 제일 재미있었어?"

"비행기에서 〈모아나〉 봤을 때!"

맙소사. 영화는 집에서도 볼 수 있는데……. 이것이 아이와 엄마의 차이다. 독서 역시 마찬가지다. 간접경험을 시키기 위해, 책 읽는 아이로 컸으면 해서, 책보다 좋은 삶의 돌파구가 없으므로, 많은 이유로 엄마는 아이에게 책을 읽힌다. 그러면서 엄마는 왜 그 좋은 책을 읽지 않을까? 본인도 읽지 않은 책을 왜 아이에게 읽으라고 할까? 의사로, 변호사로 살아보지 않았으면서 아이에게 의사가 되라고, 변호사가 되라고 하는 것과 같다.

순서가 바뀌었단 말이다. 엄마가 먼저 책을 읽어보고 자신의 변화나 독서의 중요성을 느껴야 한다. 책 읽는 아이를 만들기 위해서가 아니라 본인 경험을 바탕으로 아이에게 말해야 한다. 엄마도 책을 보지 않으면서 아이에게 강요한다면 잔소리밖에 될 수 없다.

시간만 나면 책을 펴는 내게 큰아이가 물었다.

"엄마는 책이 좋아? 책 읽으면 어떤데?"

"혹시 엄마가 책 읽어서 싫어?"

"아니, 어떤 점이 좋아서 책을 보는지 궁금해서. 책에 줄 긋고 적는 게 재미있나 물어본 거야."

"그렇구나. 책을 읽으면 마음이 차분해져. 차분함 속 고요가 엄마를 안정시키더라고."

"조금은 이해가 가. 책을 볼 때 다른 생각이 안 나서 좋긴 하더라고."

책에 빠진 엄마에게 서운하다고 말할까 봐 걱정도 됐다. 시간이 생길 때마다 '뭐할까?' '뭐 하고 싶어?'라고 묻던 엄마가 책만 본다고 속상해할까 봐. 늘 옆에 있어 줘야 하고 놀이를 찾아 줘야 한다 생각했다. 함께하는 시간이 길다고 좋은 게 아니었다. 짧고 굵게 공감하고 소통하며 놀았던 그 시간이면 됐다.

어느 날, 난 책을 보고 아이들은 만들기를 하고 있었다. 조용한 분위기가 느껴졌다. 고개를 드니 책 읽는 아이들이 보였다. 서로의 울타리 안에서 각자의 시간을 보냈다. 귤을 까며 도란도란 이야기를 나눴다. 다시 각자의 자리로 돌아가 책을 보고 놀이를 했다. 책이 내 삶의 한 부분이 됐다. 책 좀 읽으라고 하지 않는다. 나부터 책을 읽는다. 읽을 책이 많다 보니 아이에게 잔소리할 시간도 줄었다. 놀이터에서도 따분한 시간을 책과 함께한다. 아이를 기다리며 책과 논다. 옆에 있던 아이가 동네 이모에게 물었다.

"이모는 책 안 봐요?"

"이모는 책 안 보는데. 엄마는 많이 보지?"

"우리 엄마는 책 많이 봐요. 요즘에는 우리 책은 안 사주고 엄마 책만 사요."

묻지도 따지지도 않고 전집을 한 달마다 들여놓던 엄마는 본인 책 사기 바쁘다. 잊고 있을 때면 아이가 알려준다. 책 좀 사달라고. 일단 도서관 먼저 가서 책을 골라보자 했다.

"엄마도 일단 도서관에서 빌려 읽고 난 다음에 사시면 안 돼요? 식탁이 너무 좁아요."

 Today's book

엄마가 책을 읽어야 아이가 행복하다. 책이 주는 자유로움과 새로운 세상에 대한 탐색의 기쁨은 엄마를 자극하고 행복하게 만든다.

― **장은숙**, 《엄마 독서》

도시락 싸서
다닌 도서관

삶의 중심에 '나'가 없었을 때, 타인과 함께하는 시간이 필요했다. 혼자일 때 외롭고 쓸쓸했기 때문이다. 아이들을 등원시키고 집집이 돌아가며 커피 한잔으로 여유로운 아침을 보냈다. 어차피 혼자 먹을 점심이었다. 마음 맞는 엄마들끼리 메뉴를 바꿔가며 맛집을 찾아다녔다. 밥을 먹고 커피숍에 갔다. 목구멍까지 꽉 찬 상태인데 커피를 마셨다.

터질 것 같은 배와 내려앉을 것 같은 눈꺼풀. 식곤증이 밀려오기 시작할 때 아이들은 집으로 돌아왔다. 하품을 연신 해댔다. 눈가에 눈물이 흘렀다. 슬픔보다 더 참기 힘든 졸림 앞에 TV를 틀어주고 이불 속으로 들어갔다. 5시쯤 저녁 준비를 위해 거실로 나왔다. TV 보느라 바쁜 아이들은 엄마의 등장에 별 관심이 없다.

바닥을 내려다봤다. 먹다 남은 바나나, 과자 봉지, 여기저기 떨어진 과자 부스러기를 손바닥으로 쓸어 담았다. 잠이 안 깬다. 머리도, 몸도 무겁다. 그 순간 부정 에너지가 온몸에 퍼졌다.

"야! 너희들! TV 꺼!"

아이들은 놀라면서도 익숙한 듯, 엄마 손에 들려진 것들을 쓰레기통에 버리기 시작했다. 혼자만의 시간이 주어지고 난 후 자유를 대하는 나의 자세와 마음이 불편해지기 시작했다. 식탁에 앉아 책을 폈다. 시간의 가치에 의미를 부여했다. 나 자신에게 묻고 답했다.

"왜 불편한데?"

"나 자신이 한심해."

"왜 한심한데?"

"마음에 안 들어. 그토록 바랐던 나만의 시간인데 공허하고 갈증 나."

내 스스로가 못마땅했다. 나 자신과 화해하고 싶었다. 자기 자신과 화해하려면 내가 누군지 알아야 한다. 자기가 어디에서 자신과 분열되어 있는지 알아야 한다.

"난 누구지?", "할 줄 아는 것과 할 줄 모르는 것이 뭐지?"라는 답을 찾고 싶었다. 무기력이 삶을 짓누를 때 밖으로 나갔다. 더 나가고, 더 쇼핑을 했다. 무기력한 내 모습이 싫었다. 누군가와 함께 있으면 그나마 생동감이 느껴졌다.

안 되겠다! 삶을 어떻게 변화시키지? 진정한 생동감 넘치는 삶을 살려면 무엇이 필요할까? 돌파구를 찾고 싶어서 무조건 식탁에 앉아 책을 폈다. 아니, 공부했다. 책으로 나 자신과 세상, 인생을 공부했다. 독서는 '삶을 전환하기 위한 공부'였다.

공부는 대학 입학 후 취업이 되면 그만해도 된다 생각했다. 엄마가 되고 난 후, 읽을수록 책 읽기는 공부와 같았다. 점수를 높이기 위한 공부가 아니었다. 살면서 나에게 집중하기 위한 공부, 나 자신을 다스리며 성장하기 위한 책 공부였다. 흐트러져 있던 생활 패턴이 질서 있게 정리되기 시작했다. 분별력이 생겨났다. 엄마가 되고 나서야 공부의 기쁨과 재미를 알게 됐다.

책 읽기 역시 '내면의 동기'가 없다면 힘들다. 당신에게 500만 원을 줄 테니 1달에 책 10권을 읽으라 한다면 어떻게 하겠는가? 죽기 살기로 책을 읽을 것이다. 책을 읽을 동기가 분명하니깐. 공부의 재미를 책으로 알게 됐다. 30대 중반에야 내적 동기가 확실한 배움의 즐거움을 깨달았다.

학교 다닐 때 공부가 재미있었다면 어떻게 됐을까? 경험으로 얻은 내면의 동기는 배움을 바라보는 시각을 바꿨다. 책 읽기는 무조건 지식을 습득하고 성공하기 위해 읽는 것이 아니다. 삶의 중심에 '나'를 두기 위해서다. 앎의 재미와 향유를 누리기 위해 읽어야 한다.

집과 북 카페를 오가며 책을 읽었다. 실내 놀이터가 있는 동네 도서관에 자주 갔다. 추운 겨울에는 도서관에서 책도 보고, 영화도 보고, 실내 놀이터에서 놀았다. 하루가 다 지나갔다. 봄이 되면서 도서관이 단장을 하더니 소파와 독서실 책상이 있는 북 카페가 됐다. 싼 가격의 음료도 먹을 수 있었다. 열람실 역시 카페에서 볼 만한 기다란 테이블이 중간에 들어 서 있다. 의자 높이도 각양각색이다. 조용한 분위기다. 천국이 따로 없었다. 집에 있으면 집안일이 신경 쓰여서, 카페에 가면 시끄러워서 책에 집중하기 어려웠는데, 도서관의 변신이 너무 반가웠다.

도서관에는 나를 기다리고 있는 책이 있다. 보고 싶은 책을 검색해 '가, 나, 다, 라'하며 찾는 기분은 보물찾기하듯 설렌다. 이 좋은 곳을 시간 날 때마다 갔다. 아이를 등원시키고 책을 바리바리 싸 도서관으로 향했다. 그곳에 가면 살아있는 것 같았다. 공부하는 학생과 책 읽는 사람 사이에서 앎과 향유를 느끼는 나 자신이 참 좋았다. 전혀 심심하지도, 외롭지도 않았다.

언젠가부터 나는 나랑 잘 논다. 책이 나와 잘 놀게 만들어줬다. 무기력함보다 깨달음의 재미로 살아있음을 느끼게 했다. '좋아하는 게 있구나! 느낄 수 있구나! 살아있구나! 무엇인가 할 수 있겠구나!'라는 마음의 변화가 생활의 변화를 가져왔다.

일정이 없는 날은 오전 9시부터 오후 4시까지 도서관에서 놀았다. 1주일에 3일 이상 도서관에 갔다. 운동복 바지에 박스티를 입고, 편하게 읽을 책, 줄을 쳐가면서 필사할 책, 정독하며 요약정리가 필요한 책 등 여러 권의 책을 가지고 갔다. 책을 읽다 책 속에 소개된 인용구나 책 제목이 나오면 휴식 삼아 제1열람실, 2열람실을 오가며 보물찾기를 했다. 보물찾기가 끝나면 화장실에 들려 손 한번 씻고 기분 전환을 했다.

오전에는 아메리카노를 한잔 사서 먹었다. 피곤할 때는 달콤한 캐러멜 마키아토를 샀다. 도서관 북 카페의 커피는 시중 커피숍의 반 가격이다. 이곳에선 사치를 부리며 마음껏 주문했다. 12시쯤 되면 배가 고팠다. 도서관 앞 분식집이나 패스트푸드점에서 끼니를 해결했다. 커피와 점심을 사 먹으면 하루 지출이 만 원을 웃돈다. '그깟 만 원'이라고 할 수도 있다. 그런데 주 3일, 한 달로 치면 12만 원이다. 모임 후 먹는 점심값까지 합치면 혼자 쓰는 외식비가 20만 원은 됐다. 부담됐다. 매일 뭘 먹을지도 고민이었다.

그때부터 아침밥을 준비하면서 도시락을 쌌다. 식탁에 올라가는 반찬을 조금씩 덜었다. 밥 위에 올린 달걀부침에 케첩만 있어도 진수성찬이다. 분주하게 싼 도시락을 손수건으로 감싸고 가방 안에 넣었다. 출근하는 신랑이 가만히 나를 지켜보더니 한마디 했다.

"고시 공부하십니까? 네가 가라. 서울대."

"책 읽으러 가. 책이 곧 공부야."

"사람이 너무 갑자기 변하면 무서워. 대단하다, 당신."

신랑은 회식 후 내기 당구를 치고 돈을 따면 다음 날 아침 잠결에 나를 불렀다.

"여보, 오늘 도서관 가?"

"응. 오늘 갈려고."

"도시락 싸지 마. 내가 용돈 줄게. 그 돈으로 밥 사 먹고 커피 사 먹어. 만 원이면 되지?"

내심 5만 원은 주나 했다. 이래서 기대는 금물이다. 도시락 싸는 아내가 안쓰러웠는지 대견했는지 모르겠다. 아마 두 가지 다일 거다. 열심히 책 보고 도시락을 싸다니는 엄마와 아내를 가족들이 인정해줬다. 가까운 가족들이 나의 변화를 몸소 느꼈기 때문일 것이다.

책의 힘은 위대하다. 책의 세계는 마약이다. 처음 집필한《엄마, 세상 밖으로 나가다》가 출간된 후 '엄마들의 자존감 찾기' 관련 강의를 하느라 도서관에 가지 못했다. 매일 강의 준비하느라 분주했는데 자꾸 책에 손이 갔다.

프로그램도 만들고, 집안일과 육아도 적당 선을 유지하며 해나가야 했다. 삶이 분주해지면서 중심을 잡지 못하고 흔들리는 '나'를 자주 만나게 됐다. 온전히 집중해서 책을 보는 시간이 줄어들었기 때문이었다. 여유는 삶 속에 언제나 있다. 독서와 육아만 하던 엄마가 할 일이 많아졌다. 전업주부와 워킹 맘 사이의 줄타기에 필요한 것은 책이었다. 갈증이 해소되지 않았다. 일정이 없는 주말이면 가족들에게 이야기했다.

"일요일 아침에 도서관 가고 싶어. 아침 안 먹어도 되니깐 8시에 나갔다가 1시에 들어올게. 아침도 부탁해, 여보. 셋이서 아침 먹고 오후에 어디 갈지 정해 놓고 있어 줘."

엄마가 삶을 주체적으로 살아가니, 아이들도 엄마를 믿어주고 응원해줬다. 에너지를 충전할 수 있는 도서관. 어떻게든 가려고 한다. 중고등학교 때 도서관이 놀이터였으면 진짜 서울대 갔을까? 책 읽는 엄마가 되니 서울대가 인생의 최고 결과물이 아닌 걸 알게 됐다. 혹시 지금의 신랑 말고 다른 남자를 만났을까? 지금의 신랑과 아이들이 없었다면 살려고, 성장하려고, 변화하려고 발버둥치는 나도 없었을 것이다. 인생의 순리는 나름의 이유가 있는 게 분명하다. 서른 중반이면 100세 인생에 반도 살지 않았는데 뭐가 늦으랴?

글을 쓰는 지금도 도서관이다. 두 아이와 함께다. 어린이 열람실에서 책을 고르고 DVD 관람 코너에 왔다. 아이들은 보고 싶은 영화 한 편을 골랐다. 1시간 반 동안 난 글을 썼다. 아이들은 좋아하는 영화를 보면서 엄마를 기다려줬다. 도서관이라는 곳이 있어 감사하다. 욕구를 충족할 수 있는 그곳을 여러분도 아이들과 함께 가보길 바란다.

오직 도서관뿐이다. 도서관처럼 인간을 완전하게 바꿀 수 있는 공간은 없다. 도서관은 자유로운 영혼과 책이 만날 수 있는 그들만의 유일한 공간이기 때문이다. 도서관은 인간을 완전하게 순수하게 만들고, 자유롭게 만들고, 위대하게 만든다. 그런 점에서 도서관은 기적의 공간이며, 마법의 장소이다. 아무리 열심히 살아도 어제와 다른 내일을 만날 수 없다. 중요한 것은 열심히 일하는 것이 아니라 위대한 사상의 집합체인 책을 열심히 읽는 것이다.

― **김병완**, 《나는 도서관에서 기적을 만났다》

책과 함께하는
새벽 4시

아이는 밤마다 엄마의 기상 시간을 확인한다.

"엄마, 저희 자면 책 보고 잘 거예요?"

"아니. 오늘은 일찍 잘 거야. 새벽에 일어나려고. 왜?"

"저 아침에 문방구 들렀다 가게 일찍 깨워주실래요? 7시 전에 깨워주세요."

밤 10시. 허리가 끊어질 것 같다. 결혼 전 연구소에 있을 때 20시간을 책상 앞에 앉아 일했다. 그때 생긴 디스크는 임신 후 더 심해졌다. 허리보다 낮은 싱크대에서 설거지하고 나면 통증이 최고점이다. 책을 보지 않았을 땐 밤 10시가 깨어나는 시간이었다. 맥주와 야식, TV로 구성된 세트는 허리 통증도 잊게 했다. 밤마다 진행된 의식은 무거운 몸을 선물로 줬다. 술기운으로 삶의 고충을 위로받았다.

책이 삶에 내려앉으면서 밤을 보내는 생활 방식이 바뀌기 시작했다. 아이와 거리를 두기 위해 읽기 시작한 책 읽기다. 살기 위해 덮을 수 없었다. 읽지 못한 부분이 희망을 줄 것 같아서, 뒷이야기가 궁금해서 참을 수 없었다. 갈증의 해소를 아이들이 자고 나면 풀었다.

집중의 시간은 오래가지 못했다. 문제는 허리였다. 아픈 허리는 갈증의 욕구를 따라가지 못했다. 어쩔 수 없이 잠자리에 누워 허리를 풀어야 했다. 일찍 잠이 들었더니 새벽에 눈이 떠졌다. 시계를 보니 새벽 4시다. 3시간은 더 잘 수 있었다. 잠을 자려고 옆으로 몸을 돌렸다. 새우잠 자는 아이에게 이불을 덮어줬다. 화장실에 다녀오니 잠이 깼다. 반사적으로 식탁에 앉았다. 읽고 싶었던 책을 폈다. 독서대 위에 책을 올렸다.

우엉차 한잔을 끓여 한 모금 마셨다. 소소한 행복이 느껴졌다. 자고 났더니 개운했다. 자는 동안 쉬었던 허리는 나를 위해 열심히 일했다. 그렇게 시작한 새벽 기상은 참 많은 재미와 힘을 줬다. 모든 식구가 자니, 마음 편히 홀로 있을 수 있었다. '나만의 시간'이 하루에 3시간은 보장된 셈이다.

방학 때마다 "내 시간이 없어!", "자유 시간이 필요해!" 하며 외쳤다. 긴 연휴나 방학 때마다 무너졌다. 거대한 괴물 거인이 되어 집안을 돌아다녔다. 눈에 거슬리는 게 보이면 소리를 질러댔다.

온전한 내 시간이 없는 게 예민함의 가장 큰 원인이었다.

새벽 4시, 하루를 시작한다. 누군가는 "새벽 4시는 신과 만나는 시간이다."라고 말했다. 김미경 강사는 피아노 학원을 운영할 때 새벽 4시에 수강생 리스트를 보면 그만둘 아이가 보였다고 했다. 그만큼 정신도 맑고 마음이 차분한 상태이기에 초능력 같은 촉이 생기는 게 아닐까 싶다.

처음부터 잘되진 않았다. 2년 동안 새벽 4시에 기상 알람이 울렸다. 밤마실을 가거나 신랑과 이야기를 나누다 늦게 잠든 날은 알람 소리에 일어나지 못했다. "일어나야 해. 삶이 나태해진 건 아니지?" 하고 나 자신을 다독이며 스스로 만든 규칙에 나를 집어넣었다.

시행착오를 겪으면서도 난 왜 새벽에 일어나야 했을까? 혼자, 온전히, 고요함 속에서 있고 싶었다. 그 맛을 알아버렸기 때문에, 의지와 끈기가 부족한 나 자신을 믿지 못했기 때문에, 새벽 기상의 묘미를 계속 느끼지 못하면 불안했기 때문이었다. 이 생각 또한 외면하지 않고 받아들였다. 이런 날도 있고, 저런 날도 있다고 스스로 위로하며 대신 포기만 하지 말고, 일어날 수 있는 날에는 일어나기로 했다. 자책하지 않고, 강박관념을 버리려고 애썼다.

2년 동안 반복했다. '하루도 빠짐없이 일어나는 사람도 있겠지. 그 사람과 나는 틀린 게 아니라 다른 거니깐. 책처럼 소위 말하는 미라클 모닝이 몸에 배자 이 또한 공부의 한 자세야!'라는 생각이

들었다. 책 읽기가 근본적인 삶의 공부가 됐다. 미라클 모닝도 내겐 삶의 공부다.

새벽 기상 후 잠이 다 깨기도 전에 책을 폈다. 한 줄 읽어 내려갈 때마다 눈이 감겼다. 손을 움직여 봐도 손가락에 힘이 없었다. 꾸벅꾸벅 졸았다. 안되겠다 싶어 노트북을 켰다. SNS에 글을 올리고 한글 파일을 열었다. 한 줄씩 생각나는 대로 썼다. 손끝이 가는 대로 쓰다 보니 어느 정도 잠이 깼다.

1시간 정도 글을 쓴 후 강의나 수업이 있는 날에는 그날 해야 할 일을 검토하는 시간을 가졌다. 그렇게 시간을 보내고 나면 새벽 6시다. 가족들은 7시 30분쯤 일어난다. 혼자만의 시간이 얼마 남지 않았다. 꾸준히 하는 새벽 의식이 있다.

자기계발서를 닥치는 대로 읽기 시작하면서 남들이 하는 감사 일기, 자기 확언을 아무 생각 없이 해댔다. 내 것 같지 않았다. 쓸 때마다 불편함이 올라왔다. 남들이 하는 대로, 알려준 대로 하다 보니 '감사하지 않는데 감사해야 해?', '이루어지지 않을 것 같은데 매번 이루어졌다 해야 해?' 하고 의심부터 들었다. 빨리 감사 일기의 효과와 자기 확언의 힘을 느껴보고 싶었다. 안 되겠다 싶어 내 방식을 만들었다.

첫 번째는 전날 느낀 행복한 일 3가지, 그 행복을 또다시 느끼기 위해 좀 더 진보해야 할 생각과 행동까지 적었다. 구체적으로 적기 시작했다. 두 번째로 무의식에 저장하기 위해 '되고자 하는 나', '이루었으면 하는 것'을 적었다. '아이의 감기가 빨리 낫는다.' 같은 방대하지 않은 것까지 적어 내려갔다. 아침을 맞이하기 전에 행복일지와 자기 확언을 하다 보니 생각 정리가 되었다.

실타래처럼 엉켜 있는 것들이 풀린 것 같았다. 안정된 느낌이었다. 차분함 속 안정된 느낌은 지금 "괜찮구나." 하고 안도감을 줬다. 밥솥에 밥을 올려놓고 책을 폈다. 30~40분간 집중해서 책을 읽었다. 고요함 속에 읽은 문장들을 내 것으로 소화하고 싶었다. 저자가 하고자 하는 말을 이해하고 새로운 시선으로 재해석했다. 얼마 남지 않은 내 시간 속 집중 책 읽기는 깊이가 더했다. 촉박할수록 집중해서 일을 처리하는 것처럼 말이다.

7시 30분의 알람이 울렸다. 아쉽지만 책을 덮었다. 행주에 물을 묻혔다. 식탁을 닦으며 애들을 깨웠다. "아침이야~, 일어나세요!" 명쾌하고 발랄한 목소리에 뒤척이는 아이들이 눈에 들어왔다. 아이들보다 늦게 일어나던 엄마가 가스레인지 불을 켰다.

"문방구 가야 한다면서, 이제 일어나. 그만 깨울 테니 스스로 잠 깨고 나오렴."

내 몸 하나 일어나기 힘들 때는 5분마다 아이 귀에 대고 일어나라 소리를 질렀다. 나조차 잠이 깨지 않아서 이불을 더 꽉 안았었다. 지각이 엄마의 잘못이라 생각했다. 의지만 있으면 일어날 수 있다는 경험을 하니 지각도 아이의 몫이었다. 지각으로 불편함을 느껴야 다음부턴 좀 더 빨리 잠을 깰 테니.

엄마의 자존감 관련된 일을 하다 보니 엄마들의 일상 고민을 듣는 일이 많다.

"작가님 저도 미라클 모닝을 하고 싶은데 잘 안돼요."

"게을러서 새벽에는 절대 못 일어나요. 의지력도 약하고, 저는 안 되나 봐요."

미라클 모닝 30일, 100일, 1000일 도전 등 온라인으로 공유하는 사람들이 많아졌다. 못하고 있으면 뒤처지는 것 같고, 실패하면 자신을 한탄한다. 이런 이야기들을 들을 때마다, 왜 그걸 하고 싶은 건지 묻고 싶다. 온전히 나만의 시간을 가지고 싶었던 나는 그 맛을 잊을 수 없어서 새벽 기상을 시작했다. 며칠 하다 늦잠 자는 날도 있었다. 친정에 간 1주일은 9시쯤 일어났다. 못 잔 잠을 몰아서 잤다. 주말엔 알람을 다 끄고 허리가 아플 때까지 자기도 했다.

못 할 수도 있고 잘할 수도 있는 그 자체를 인정하고, 왜 새벽에 일어나고 싶은지 명확한 이유가 있으면 된다. 경쟁이 아닌, 새벽 시간이 나에게 어떤 영향을 주는지 고민해보면 좋겠다. 미라클 모닝이 아닌, 미라클 라이프면 어쩌랴? 올빼미형도 있을 텐데 말이다. 부가 목적인지, 자기계발이 목적인지, 운동이 목적인지를 생각해보고 새벽 기상을 시작해보면 좋겠다.

내게는 새벽 4시부터 오전 7시 30분까지의 시간이 엄마이면서 사회인으로 여러 가지 일을 할 수 있는 시간이다. 나의 기량이 조금씩 늘면 그것이 성장이 아닐까. 성장하는 기쁨을 느끼며 살고 싶다. 그 소망은 눈 감을 때까지 계속될 것이다. 성장은 끝이 없으니깐.

 Today's book

매일 아침 눈뜰 때 스스로를 열정과 의욕으로 가득 채우는 법을 알게 된다면, 인생이 송두리째 바뀔 것이다. 무엇보다도, 행복해질 것이다.

— **할 엘로드**, 《미라클 모닝》

살기 위해
책을 읽었다

   나는 4살 터울의 두 아이를 둔 엄마다. 큰아이는 엄마와의 분리가 힘들었다. 동생이 태어나고 심리불안으로 비뇨 증상과 무기력한 모습을 보였다. 10분마다 화장실을 가고 나오지 않는 소변을 쥐어짜느라 복통을 호소했다. 작은아이는 태어나자마자 급성 폐렴으로 대학병원 신세를 졌다. 그 후 기관지와 관련된 잦은 감기는 식구들의 행복함을 빼앗았다. 큰아이의 증상을 의식했지만 아픈 작은아이가 먼저였다. 심리적인 병보다 외적인 병이 더 위험해 보였다.

   "오늘도 수업시간에 자주 화장실을 갔답니다. 뒷문을 열고 다니느라 수업에 방해가 돼요. 어머님."

   괜찮아질 줄 알았다. 비뇨기과에 데려가 검사도 했다. 이상 없다는 소견과 심리적인 원인이라는 답변만 들었다. 달래도 봤다. 갖고 싶은 걸 사줄 테니 잘 지내보자 했다. 반응이 없었다. 어린이집에 다녀온 아이는 침대에 누워 방에서 나오질 않았다.

"저녁 먹게 나와."

"……."

대답 없는 아이를 손으로 끌고 나왔다. 강제로 식탁에 앉아 수저를 쥐여주었다.

"엄마, 나 배 안 고파. 잠도 안 오고 배도 안 고파. 하고 싶은 것도 없고 그래."

동생의 존재를 인정하지 않는 아이와 끌려가듯 두 아이의 엄마가 된 나는 어떻게 해야 할지 몰랐다. 빨리 시간이 흘러 좋아지기만 기도했다. 다음 날 아침에도 아이는 또 침대에서 나오질 않았다. 어린이집 갈 시간이 다 되었지만 움직이질 않았다. 그 후 한 달간 어린이집을 쉬었다. 종일 TV가 틀어져 있고, 큰아인 밤마다 혼자 쓰러져 잠이 들었다. 양치도 못 하고 잠든 아이를 안아 잠자리에 눕힐 때마다 눈물이 하염없이 났다.

"네 마음을 알면서도 어떻게 해줄 수가 없어. 엄마가 미안해."

겨울방학이다. 해님은 아직이다. 출근한 신랑의 인기척도 느끼지 못했다. 두 아이는 여전히 꿈나라다. 작은 움직임에 아이들이 깰까 봐 화장실이 급해도 꾹 참았다. 혼자 멍하니 있는 시간이 없어질까 봐…. 시계를 보니 아침 9시다. 춥고 눈이 온 터라 밖에 나

갈 수도 없다. 오늘은 뭘 하고 놀지, 어디를 데리고 갈지, 오늘은 뭘 해야 할지, 밥은 뭘 먹일지 하루의 스케줄을 짰다. 심심하다 할지 걱정이다. 지겹다.

눈을 떴는데 일어나고 싶지 않았다. 생각하다 다시 잠이 들었다. 아이들의 움직임에 눈을 뜨고 시계를 봤다. 오전 10시다. TV 좀 보라고 하고 꾸역꾸역 잠을 청하고 다시 눈을 뜨니 11시다. 더는 안 되겠다 싶었다. 참았던 소변을 보고 안방 문을 열었다. 많이 자서인지 머리가 무겁다. 먹다 남은 바나나와 빵 부스러기를 주우며 생각했다.

"아무것도 하고 싶지 않아!"

힘든 상황이나 사건이 이어지면 어떤가? 위축된다. 위축이 계속 이어지면 위기다. 큰아이의 상황도 나의 상황도 위기였다. 누군가는 무슨 위기냐 할 수 있다. 고통을 느끼는 것은 사람의 마음 밭의 크기에 따라 달라진다. 내 마음 밭이 작으면 작은 고통도 크게 느껴지는 것이다. 위기가 계속되면 무기력 증상이 나타난다. 안방에서 나오지 않는 아이, 하루를 시작하고 싶지 않아 계속 잠만 자는 엄마. 우리는 위기 상황의 경험이 축적되면서 무기력의 모습을 보였다.

무기력의 사전적 의미는 '어떠한 일을 감당할 수 있는 기운과 힘이 없음'이다. 내가 보인 무기력은 '지치고 힘들다며 신세 한탄만 하는 엄마의 생활을 더는 할 힘이 없음'이었다. 한편으론 나를 지키고, 보호하고 싶었기 때문이었다. 나를 사랑하는 마음이 있었기에 지키고 싶었다. 또 상처받을 테니 하지 말자는 생각으로 일어나지 않았던 것이다. 진심은 잘 살고 싶었다. 엄마밖에 모르는 아이들을 품에 안고 행복하게 살고 싶었다.

잘 살고 싶어서 책을 읽었다. 한 줄이라도 삶에 에너지를 주고 희망을 주는 문구가 있음 사진을 찍어 핸드폰 배경화면으로 지정했다. 식탁에 붙여 놓고 수시로 봤다. 나태해지고 무너질까 봐 책을 봤다. 무기력이 또다시 찾아올까 봐 무서웠다. 책이 나를 바로 세워줄 수 있다 믿고 싶었다. 그땐 그랬다. 건강한 내면으로 아이 곁에 있고 싶었다. 답답할수록 책을 폈다.

책은 나에게 등불이다. 살기 싫어 무기력으로 자신을 지켰던 나에게 빛을 비췄다. 서서히 밝아졌다. 아이들과 거리를 두기 위해 읽었던 책 읽기가 튼튼한 동아줄이 되었다. 등불이 되고 동아줄이 된 책은 나를 이끌어줬다. "괜찮아. 그럴 수도 있지.", "일어서 봐. 한 발만 더 내디뎌 봐.", "아이들이 웃잖아. 네가 화를 내도 미안하다 하잖아.", "힘내. 할 수 있어." 책마다 다른 이야기를 하고 있지만 해석은 긍정적이었다.

그때 읽은 책 중에 안셀름 그린 신부가 쓴 《너 자신을 아프게 하지 마라》라는 책이 있다. 제목에 깨달음이 숨어 있다. 내가 나를 아프게 하고 있으니 나를 살릴 수 있는 사람 역시 나 자신뿐이었다. 살기 위해선 내가 바뀌어야 했다.

현재 자신의 삶에 답답함과 무기력함을 느낀다면 상담소에 가기 전에 책을 한번 읽어보면 좋겠다. 약보다 효과가 있을 수 있다. 경험자로서 권하는 것이다.

"내가 가는 이 길이 어디로 가는지, 어디로 데려가는지 알 수 없지만, 오늘도 난 걸어가고 있네."라는 GOD의 가사처럼 끝이 보이지 않는 엄마라는 길은 두렵고 불안하다. 제 몸 하나 챙기기 힘든 여자가 엄마가 되어 두 아이를 건사하고 책임지고 있는 그 길은 어디로 어떻게 가야 할지 알 수가 없다.

지겹고 답답했던 육아와 살림, 벗어날 수 없어 했던 행동, 말, 감정, 생각들. 살기 위해 발버둥쳤다. 무엇에 행복해하고 슬퍼하는지, 좋아하는 것은 무엇인지, 어떤 욕구가 강한지 알고 싶었다. 아이들 알림장만 정독하던 내가 책을 정독한다. 살림과 육아가 날 그렇게 만드는지 몰랐다. 날 괴롭혔던 것들이 날 철들게 했다. 책이라는 낙타가 오아시스를 찾아가게 하는 나침반 같다. 책은 종교가 없는 나에게 하나의 믿음이었다. 믿고 맹신하고 싶은 존재, 은혜로운 존재가 바로 책이었다.

 Today's book

너 자신을 아프게 하지 마라. 저 자신을 아프게 할 수 있는 사람은 오직 너 자신 뿐이다. — **안셀름 그린**, 《너 자신을 아프게 하지 마라》

3장

독서와 성장

성장은 성공을 위해
하는 것이 아니라,
성숙해지기 위해 하는 것이다.
엄마의 성숙은 희망이다.
나 자신에게 사과한다.

"희망을 늦게 줘서 미안해."

당신도 희망을 위해 심리적 성장을
시작했으면 좋겠다.

차분함
– 삶의 평균을 유지하다

몰입 독서를 한 지 4년쯤 되었을 때, 상대방의 의견과 생각에 휩쓸리지 않는 나를 만나게 됐다. 큰아이 상담 날 새로 부임한 담임선생님께 인사도 할 겸 학교를 찾았다. 작년엔 6학년 담임이었는데 사춘기 아이들을 돌보느라 힘드셨단다. 이번에 맡은 4학년 아이들과 수업 방식 변화, 소통 등 해보고 싶은 게 많다고 하셨다. 상담이 있기 전 긴 편지를 학부모한테 보내는 열정 가득한 선생님이라 설레는 마음으로 교실 문을 열었다.

　1학기 상담은 한 달 정도 아이와 생활한 후에 이루어진다. 이때 아이의 성격과 기질을 적당히 말하는 게 좋다. 선생님이 궁금해하는 정도만 답변하면 된다. 이야기가 길어지면 아이의 고민을 큰 문제인 마냥 떠들지도 모른다. 그것보단 아이의 성격과 기질,

자라 온 환경을 짧게 이야기하는 게 낫다. 나의 교육관과 아이와의 관계에 대해 열심히 설명했다. 주거니 받거니 대화를 이어갔다.

"쉬는 시간에 종이접기를 자주 해요. 수업시간에도 간혹 하다가 경고를 한 적이 있습니다."

"종이접기요? 아이가 좋아하는 거네요. 수업시간에는 하지 말라고 이야기하겠습니다."

"저는 손으로 무엇인가를 몰두해서 하는 아이를 보면서 혹시 부모님의 사랑을 못 받나 싶었어요. 관심을 못 받으니 공허함을 종이접기로 하는 건 아닌지……."

"선생님은 그렇게 느끼셨어요? 집에서도 시간만 나면 책을 펴고 종이접기를 해요. 손으로 하는 것을 좋아하거든요. 늘 뭔가를 만들거나 접어요. 본인 스스로 손으로 만드는 걸 잘한다고 말할 정도예요."

"그럼 다행이네요. 어머님 만나기 전에는 조금 오해했습니다. 직접 만나 뵈니 아이에게 관심과 사랑이 많으시네요. 오늘 오시길 참 잘하셨어요."

말은 그렇게 했지만, 혹시나 사랑이 고파서 손으로 무엇인가를 하나 걱정이 되긴 했다. 며칠 후 같은 반 엄마를 만났다. 상담이 어떠했느냐며 자기는 선생님과 대화를 하다 답답해서 화가 났다고 했다. 선생님이 미혼이라 아이를 키워보지 않았다는 것이 이유였다. 그 말을 듣지 말았어야 했는데……. 난 그 엄마가 한 말로 싹튼 부정 에너지에서 빠져나오지 못해 힘들었다. 감정 소모가 심해질 때 문득 이런 생각이 들었다.

'편지에서 느껴진 선생님의 열정과 긍정 에너지가 진심으로 느껴지지 않았어? 분명히 하고자 하시는 의지가 있으시니, 내가 먼저 믿음을 드리는 게 맞는 것 같아.'

타인의 말에 크게 흔들렸다. 학교 엄마, 옆집 엄마를 멀리한 이유도 '흔들림' 때문이었는데……. 마음의 차분함을 유지하려고 애썼다. 내면에 중심이 없었기에 중심 잡기가 어려웠던 내가 책을 읽으면서 타인을 이해하고 인정하는 힘이 생겼다. 심리적 굴레에서 벗어날 수 있었다. 이후로는 아이와 대화 중 담임선생님 이야기가 나오면 귀를 쫑긋 세웠다.

"엄마, 오늘 선생님이 애들이랑 운동장에서 같이 축구도 하고 술래잡기도 하셨어."

"엄마, 남자애들이 선생님을 무시해. 버릇없게 굴고 욕도 하고 그래."

아이의 말에 선생님 나름대로 고군분투하고 있단 생각이 들었다. 좋은 선생님이 되고 싶어 함께하다 보니 적당선을 넘는 아이도 있구나 싶었다.

"선생님 마음이 느껴져. 친구 같은 선생님이 되고 싶으신데 아이들이 가끔 그 선을 넘나 봐. 너라도 선생님을 위로해드려! 함께

뛰어주는 선생님 많지 않거든."

2학기 상담 땐 학교에 가지 않았다. 함께 고민할 일이 있으면 전화를 주신다고 했으니 아이를 믿고, 평소 학교 이야기를 많이 하고 지내면 될 것 같았다.

예전 같았으면 "우리 애 어쩌면 좋아. 애정 결핍인가 봐! 담임 선생님이 이상해. 결혼도 안 하고 혼자 살아서 그런가?" 하며 엄마들을 만날 때마다 하소연했을 것이다. 마음의 차분함을 유지하기 위해 책을 읽었다. "그럴 수 있지.", "이유가 있겠지."란 메시지가 책 안에 있었다. 사람들의 행동과 말에 상처받고 기뻐하던 나였다. 혼자 생각하고 단정 지으며 사람을 미워했다. 미워하다 증오하며 내 마음을 힘들게 했다. 책은 그러지 마라고 타일렀다. 세상사 내가 해결할 수 있는 것은 내 마음뿐이라 했다. 내 마음 하나 바꾸기 힘든데, 다른 사람을 바꾼다는 것은 이치에 맞지 않다.

책을 읽으며 나는 엄마로서 성장을 했다. 사교육걱정없는세상의 지역 모임에 나갔다. 나만의 교육관과 학부모로서 어디에 초점을 맞추고 아이를 키울지 중심 잡는 시간을 계속 가졌다. 지금도 하고 있다. 아이 1살, 엄마 1살. 초등 1학년, 학부모 1학년. 아이 성장에 맞춰 엄마도 성장하기 때문이다.

교육제도 변화를 위해 1인 시위도 하고, 거리 캠페인을 하기 시작하면서 집에만 있던 내게 연락이 오기 시작했다. 그중 하나가 방송 출연이었다. 교육부 장관이 바뀌면서 EBS와 교육부가 주관

하는 학부모 토크 콘서트에 패널로 출연 요청을 받았다. 엄마로 성장하면서 느낀 것과 현재 교육관을 말하면 된다 했다. 생방송이었다. 사교육걱정없는세상에 학부모 소개를 부탁하니 나를 소개해주신 모양이었다. 신랑에게 전화했다.

"나 방송 출연할 거 같아. 그것도 생방송으로 말이야."

"가문의 영광이다. 그동안 책 읽고 공부한 게 헛되지 않았네. 멋지다. 우리 마누라."

그 후 두 번의 방송 출연으로 '엄마들을 위해 내 이야기를 해야겠다'고 마음먹고 강사가 되기로 했다. 막상 강의하며 내 이야기를 해보니 2시간으론 부족했다. 할 때마다 차고 넘치는 내 생각들을 다시 집어넣어야 했다.

"그래, 책을 쓰자. 내 이야기와 경험을 책으로 쓰는 거야."

책 읽기가 어떤 결과물을 준다 생각하지 않았다. 책을 읽다 보니 차고 넘치는 것을 표출하고 싶었다. 그것이 글쓰기였다. 책을 출간한 작가로 만들어줬다. 아이와 거리를 두기 위해 시작한 책 읽기가 작가로, 책을 출간한 강사로 만들어줬다. 자신감과 자존감이 상승했다.

문제는 여기서부터다. 적당히 상승했어야 했는데 우주 정거장까지 상승한 게 문제였다. 전업주부가 이룬 성공신화는 사람들의 부러움을 샀다. 누구를 만나도 "아니에요. 제가 뭘요. 책 읽고 엄마 성장했더니 기회가 주어진 거예요. 책 읽어보세요. 잘하는 걸

찾을 수 있어요."라고 말했다. 틀린 말이 아니었다. 그 말을 하는 내 마음이 문제였다. '근자감(근거 없는 자신감)'이 커졌다. 한동안 겸손은 밥 말아 먹었고 뭐든 잘할 수 있다는 생각에 교만함도 보였다.

책이 출간되고 강의 섭외 연락이 왔다. 비싼 강의료를 받고 매일 바쁜 일정에 기뻐할 줄 알았다. 책 한 권 출간한 작가는 강의 시장에선 송충이에 불과했다. 예전에 비하면 엄청난 성장이었지만 내 삶은 크게 변하지 않았다. 당연한 것을! 마음의 방방 뜸이 하늘을 치솟을 때, 현실의 냉정함에 상처받기 시작할 때, 기다리고 있던 것이 있었다. 바로 '책'이었다. 책이 말해줬다.

"괜찮아. 그럴 수도 있지. 다시 제자리로 돌아와. 삶은 굴곡 같은 그래프야. 꼭대기까지 갔다가 다시 땅으로 내려오기도 해. 늘 위에 있진 못하거든."

겸손, 차분함이 필요했다. 방방 뜨면서도 좋지만은 않았다. 그 이유가 겸손함이 없었기 때문이었다. "꼭대기도 별로야. 언제 내려올지 모르고, 땅은 우울해. 중간이 제일이야." 하고 스스로를 다스려야 했다. 잔잔한 파도가 되고 싶었다. 겸손하며 살자! 차분하게 살자! 마음의 평균을 유지하며 살자!

겸손은 사람됨이 근본적으로 달라질 때 외부로부터 나타나는 자연스러운 현상이다. 성공, 명예, 부가 마음을 흐리게 한다. 아니, 탁하게 한다. 탁해진 마음을 맑게 정화할 수 있는 것이 독서다. 그 후 늘 3인칭 관찰자 시점에서 나를 본다. 지금 평균인가? 차분한가? 방방 떴나? 자기성찰이다. 책에 나온 한 줄이 나 자신을 되돌아보게 한다. 책으로 내가 모르는 세계를 간접경험하며 '아직 모르는 세계가 저렇게 방대한데 겸손해야지' 하고 평균을 유지하게 한다.

꾸준히 독서하면 굳이 말하지 않아도 묵직한 내공이 느껴진다. 책을 통해 자신이 사는 세계가 전부가 아니라는 것을 깨닫게 된다. 아는 것이 늘어날수록 겸손해진다. 책을 통한 겸손은 소극적 위축이 아니라 자신감으로 여유를 갖게 해준다. '근자감'이 아닌 '자신감'으로 갖는 여유! 오늘도 나는 삶의 차분함을 위해 책을 읽는다.

 Today's book

행운이 찾아와도 불행을 생각하며 득의양양하지 않고, 불행을 겪어도 행운을 떠올리며 심하게 좌절하지 않아야 한다. 언제나 평정심을 유지하는 것, 이것이 바로 오래 사는 길이다. — **지셴린**, 《다 지나간다》

비움
– 대나무 같은 사람이 되다

　세상에는 아이템이 많다. 돈만 있으면 쉽게 살 수 있다. 11년 전 시집올 때 산 TV, 침대, 그릇 등 10년 넘은 물건이 집에 많다. 30평대로 이사한 지 얼마 안 됐을 때 현관문을 열고 들어섰는데 거대한 왕궁에 들어선 것처럼 널찍한 느낌을 받았다. 나와 통화하던 친구가 울림이 느껴진다고 한 적도 있다. 가구와 생활용품이 적었기 때문이었다. 주방에서 거실에 대고 말을 하면 목소리가 울렸다. 그 후 차츰 책장이며 거실 테이블 등 가구와 짐이 채워지면서 울림은 사라졌다. 지금은 꽉 찬 집 안이 답답해 보인다.

　계절이 바뀔 때마다 옷을 샀다. 몇 번 입지 못한 옷은 장롱 VIP가 된다. 안 되겠다. 분기별로 정리해서 자리만 차지하고 있는 물건들을 버렸다. 비우고 채우기를 반복하는 게 물건뿐일까?

마음을 비우기 위해 속세를 벗어나 산속에 들어간 자연인들이 방송에 많이 나온다. 자기가 먹을 곡식을 재배하고 가구를 만들며 산다. 자연인들의 삶이 부러웠다. 그곳에 가면 마음 편히 살 수 있을까?

한때 귀농을 잠깐 생각해본 적도 있었다. 삶에 익숙해져 가는 나이가 될수록 마음의 무게가 버거웠다. 내 집 마련, 식비, 여가활동비로 늘 생활비가 모자랐고, 아이들 교육, 내 삶의 방향 등 걱정이 한두 개가 아니었다. 어쩌다 인간관계 속 스트레스까지 생길 때면 더욱 괴로웠다. 그럴수록 책을 읽었다.

《엄마, 세상 밖으로 나가다》를 출간하고 바빠졌다. 강의하러 여러 지역을 다녔다. 아침 8시에 출발해 서울로 향했다. 10시에 강의를 시작했다. 12시가 넘어 일정을 마치고 집으로 돌아오면 3~4시가 되었다. 작은아이를 하원시키고 집안일을 했다. 6시에 태권도 학원에 가야 하는 큰아이의 저녁밥을 5시쯤 차렸다. 큰아이를 보낸 후, 작은아이와 저녁을 먹고 설거지를 했다. 뒤돌아서니 빨래 바구니가 개야 할 옷들의 무게를 못 이기고 쓰러져 있었다. 철학 모임 발제도 걱정이고 주말에 있을 강의 준비도 하지 못해 마음이 초조했다. 내가 원하던 삶이었다. 강의하며 집안일과 육아를 소홀히 하지 않는 엄마의 삶이었다.

바쁜 신랑은 안중에 없었다. 그 역시 삶의 무게에 짓눌린 채 고군분투하고 있었기 때문이다. 닦달하고 싶지 않았다. 체력이 좋지 않아 운동 역시 포기할 수 없었다. 분주한 건지, 부지런한 건지 알 수 없는 생활 속에서 허우적거렸다. 활력이 넘치는 생활 속에서 남들이 모르는 우울함과 조급함이 내 자신을 괴롭혔다. 그럴 때마다 책을 폈다.

바쁜 삶이라 단정 지으며 살았다. 자존감이 상승해서 할 수 있는 일이 많아졌지만, 심리적 곳간은 텅텅 비어가기 시작했다. 엄마들의 자존감을 찾아주는 일이 보람되기도 했다. 반면 나의 내면의 허기는 더 커졌다. 나눠줘야 할 게 많아지면서 채워지지 않는 내면을 책을 읽으며 채웠다. 책을 펴고 눈과 손을 움직이며 내 안을 들여다봤다. 현재 상태와 걱정은 어떤 책을 읽어도 그것과 연결됐다.

덜 바쁘게 살고 싶어 새벽에 책 읽는 시간을 가졌다. 한 줄을 읽고 사색했다. 온전히 나 자신의 내면과 대화할 수 있었다. 일상의 바쁨 속에 느림의 미학을 느낄 수 있을 때는 책 읽는 시간이었다. 아무도 말을 걸지 않았다. 조용히 나에게 집중할 수 있는 그 시간을 즐겼다.

대나무처럼 비움과 채움이 가능한 사람이 되고 싶었다. 나 스스로 삶을 점검하고, 내려놓을 수 있는 것. 그 길에 책이란 친구가 있어 얼마나 좋은지 모른다. 쉽게 손 뻗으면 잡히는 그 친구는 언제나 내 손길을 기다리고 있었다. 무한대로 한없이 나눠주는 그 친구도 사람들의 관심과 손길로 채우고 있진 않을까. 책을 읽고 속을 비우고 채우면 정신적 물질적인 여유를 가질 수 있다. 생활비가 부족하더라도 정신적으로 버틸 수 있다. 괜찮지 않은가? 대출받는 것보단 낫지 않을까.

나는 6주 커리큘럼으로 '자존감 찾기' 수업을 진행하고 있다. 모집정원은 7명이며 모두 엄마들이다. 나를 돌아보고 찾아가는 시간을 가지며 자존감과 꿈 찾기를 함께하고 있다. 기수가 바뀔 때마다 어떤 사람들이 올지 설렌다. 첫 시간에는 각자 자기소개를 한다. 외모로 봐선 중학생 자녀가 있을 법한데 20살이 넘는 자식을 키운 엄마가 꼭 있다. 인생 선배다.

"제가 평균 나이를 높이는 건 아닌지 모르겠어요. 젊은 엄마들이 신청하는데 민폐면 어쩌나 싶어요."

경험상 인생 선배가 함께할 때 시너지 효과가 굉장했다.

"어머, 무슨 말씀을요. 저희가 배울게, 들을 게 많아서 얼마나 좋은데요."

"아마도….''라는 말로, "그렇겠지….''로 끝나는 고민과 걱정에 대해 갈증을 해소해주는 사람이 바로 인생 선배들이다.

"20년 전 아이를 낳고 키웠어요. 그 당시엔 육아서며 부모교육도 없었어요. 물어볼 때도 없었답니다. 아이를 위해 전공하던 미술도 그만두고 집에서 애만 봤어요. 잘 키우고 싶어서 내 인생은 뒷전이었죠. 항상 아이 옆에 있어 줬어요. 그 아이가 중학생이 되고 저에게 '엄마 저 이제 많이 컸어요. 엄마도 이제 엄마 일을 해도 좋을 것 같아요. 집에서 저만 보면 힘들잖아요.'라고 하더군요. 신랑의 사회적 위치는 제 것이 아니었어요. 신랑의 승진에 한몫 했겠지만 제가 그 위치에 있는 건 아니니 허무하더라고요. 그때 부터 이기적인 여자가 되자 했죠. 아이와 가정에 올인하지 않아 도 된다는 것을 깨달았답니다. 여러분도 그렇게 사셨으면 해요."

늘 내가 하는 말이다. 강사 활동을 하면서 알게 된 인생 선배들에게 들은 말이다. 아이가 중학생이 되기 전에 난 스스로 깨우쳤다. 좋은 엄마보다 자기 삶을 잘 사는 엄마가 아이에게 필요하다는 것을 말이다. 그 중요성을 알기에 자존감을 찾는 일을 함께하고 있다. 이미 그 삶을 살았고 그들이 하나의 증명이기 때문이다.

살아본 사람의 생생한 삶의 이야기는 책 한 권과 마찬가지로 재미있고, 공감된다. 확신도 준다. 만약 누군가가 나에게 "20대로 돌아갈래? 아니면 지금이 좋아?"라고 묻는다면, 1초의 망설임도 없이 "지금이 좋아. 그때 몰랐던 삶의 지혜가 있거든. 그 지혜를 알고 살아가는 지금이 훨씬 좋아."라고 대답할 것이다.

젊음보다 나이 들어 얻는 인생의 교훈과 지혜가 더 좋다. 세상을 살아가면서, 40살이 되고 50살이 되면서 무엇을 깨닫게 될지 궁금하다. 대나무처럼 나이를 먹을수록, 늙을수록 더욱더 굳세고 단단해지고 싶다. 행동으로 얻는 지혜와 책으로 얻는 지혜가 합쳐지면 돌덩이처럼 단단한 대나무가 되지 않을까? 책으로 간접 경험한 삶이, 내가 가보지 않는 길에 빛이 될 것이다. 언제든지 위기상황이 닥치더라도 책에서 얻은 지혜로 빠르게 대처할 수 있을 것이다. 책의 힘은 위대하다.

대나무는 씨를 뿌리고 거름을 주고 정성 들여 보살펴도 3년이라는 시간이 흐른 뒤에야 죽순이 땅 위로 얼굴을 내민다. 4년이라는 시간이 지난 후에야 30cm가 자라니 허무할 수밖에 없다. 4년 동안 고작 30cm 자란 대나무는 5년이 되면 1m로 자란다. 엄청난 성장을 한다. 오랜 시간이 걸린다. 대나무는 계속 의지의 뿌리를 내리고 비바람을 맞으며 하늘 위로 쭉 자라날 것이다.

비우고 채우면서 성장하는 사람과 대나무의 성장은 같다. 그 비움과 채움에 책이 있다면 올바르고 단단한 뿌리를 내리면서 성장할 수 있을 것이다. 내 마음도, 삶도, 비우고 채우길 반복하고 싶다. 비어 있을 때는 새로운 쓰임새가 가능한 사람으로, 가득 찰 때는 다른 이에게 나눠주는 사람으로, 책과 함께 성장하는 내가 되고 싶다.

 Today's book

대나무는 속이 빈 탓에 쓰임이 많다. 속이 차 있다면 대금, 퉁소, 단소, 생황, 해금과 같은 악기로 태어날 수 없었을 터다. 대나무처럼 비우고 살라. 내가 비울 때 누군가는 그 비움을 통해 얻은 잉여의 혜택을 누린다. 비우려는 자는 먼저 맹목적인 탐욕을 버려야 하고 자발적 가난에 처하는 실천이 따라야 한다.
— **장석주**, 《마흔의 서재》

치유
– 내적 치유를 하다

　나는 174cm에 체구도 크다. 발도 예외는 아니다. 유럽에 살면 평균일 체형이 한국에선 'big size'다. 옷이며 신발 사기가 어렵다. 250mm 신발에 억지로 발을 욱여넣어 발 크기를 맞췄다. 250mm보다 큰 여자 신발은 구하기 힘들다. 임신은 살과 붓기로 발 크기까지 키웠다. 산책하거나 많이 걸은 날에는 오른쪽 네 번째 발가락이 세 번째 발톱에 상처를 입혔다. 좁은 공간에선 작은 발톱의 자람이 큰 상처를 냈다. 반복된 상처 부위는 굳은살이 됐다.

　가을엔 은행나무가 노란 세상을 선물한다. 냄새가 나는 은행이 불쾌하기도 하다. 사람의 발에 밟히고 밟힌 은행은 냄새조차 발길에 묻혀 더는 나지 않는다. 그때쯤 우리 가족은 은행잎 아래 사진을 찍고 가을 나들이를 한다.

은행나무 길로 유명한 곡교천에 갔을 때다. 아산시에선 관광객들을 위해 자전거를 대여해주는데 곡교천은 자전거 길이 잘 다듬어져 있다. 작은아이가 크면 4명이 함께 자전거 라운딩을 해보고 싶었다. 상상만 했던 모습이 이루어졌다. 맨 앞에 신랑이 선두로 나서고 그 뒤를 줄줄이 따랐다.

하늘에서 떨어지는 노란 나뭇잎을 벗 삼아 페달을 밟았다. 잠깐 서서 초콜릿을 먹는데 오른쪽 발가락 사이의 통증이 느껴졌다. 발톱이 많이 자랐나? 발톱을 깎고 싶었지만, 발톱 깎기가 없어 차로 돌아갈 때까지 아픔을 참으며 페달을 밟았다. 자전거를 반납하고 걸어갈 때 통증 때문에 한 발 내딛는 게 무서웠다.

차에 타자마자 양말을 벗었다. 늘 상처가 나던 곳을 쳐다봤다. 생각보다 발톱은 길지 않았다. 넷째 발가락의 굳은살도 그대로였다. 눈으로 확인하는 순간 아픔이 줄어드는 것 같았다.

그런데 며칠이 지난 후에도 통증은 계속됐다. 안되겠다 싶어 아픈 부위를 자세히 관찰했다. 딱딱한 무엇인가가 살에 박혀 있었다. 굳은살은 아닌 것 같았다. 손으로 살을 집어도 봤다. 발톱 깎기로 살을 살짝 잘라봤지만 아픔이 없어지지 않았다. 건드렸더니 일상생활이 더 불편해졌다. 병원에 가서 의사 선생님을 만났다.

"티눈이네요. 레이저로 제거하면 될 것 같습니다."

약국에서 티눈 제거제를 사서 할걸. 할 수 없이 수술대 위에 올라가 마취 주사를 맞고 선생님을 기다렸다. 갑자기 오징어 타는 냄새가 났다. 티눈을 도려내는 작업은 한참이 걸렸다. 발에서 제거된 티눈은 생각보다 엄청나게 컸다. 작은 좁쌀같이 보였던 티눈은 살 속에 손톱 크기만큼 자리 잡고 있었나 보다.

"선생님, 티눈이 왜 생기는 거예요?"

"걸을 때 압박이나 마찰의 자극이 생기면 피부가 내부를 지키려고 두껍고 딱딱하게 살을 만들어요. 그런데 이게 신경이 있는 곳까지 도달하게 되면 걸을 때마다 통증이 느껴지죠. 며칠간은 열심히 소독해야 합니다. 깊이가 깊어서 아프실 거예요."

오랫동안 진물이 흐르고 피가 났다. 새로운 살이 상처 부위를 채웠을 때에야 비로소 아픔이 사라졌다. 상처받은 감정은 티눈과 같다. 겉으로 봤을 때는 작은 상처를 지닌 사람처럼 보이지만 안을 들여다보면 엄청난 상처로 가득 찬 사람이 많다. '아프지만 타인의 고통에 비하면 아무것도 아니지.' 하고 스스로 감추고 억누른다. 결국, 속에서 곪고 곪아 타인에게 상처를 주거나 자기 스스로를 괴롭힌다.

자존감 찾기 수업에서, 내적 치유가 안 되어 가족 간의 갈등 양상을 보이는 사람을 자주 만났다. 공황장애, 우울증 등 정신적인 문제와 마음의 병을 모두 하나로 묶어 약을 처방받아 순간의 문제를 해결하는데, 원인을 뿌리 뽑지 않으면 그 패턴은 계속 반복된다. 아프면 아프다고 말해야 한다. 감정은 드러내고 치유해야지만 뿌리를 뽑을 수 있다.

우울하고 불안할 때, 상담소를 갈 생각도 했다. 치료를 받을 정도인지 감이 오지 않았을 때 내가 선택한 방법이 바로 '책 읽기'였다. 책 읽기로 내 삶을 되돌아봤다. 어릴 적 내가 받은 상처가 무엇인지, 나는 어떤 사람이고 가치관을 가졌는지에 대해 알아갔다. 에고라는 것에 대해 구체적 정의를 얻고 물었다. 에고와 잠재의식 속에 있는 상처들을 마주하기가 힘들었다. 내적 치유에 관련된 책들을 읽기 시작했다. 불편한 것들을 하나씩 마주했다. 회피하면 할수록 상처가 심해진다는 걸 알고 나서는 책에서 위로를 받았다.

"내가 느끼는 고통은 절대 작은 것이 아니래. 마음 밭의 크기에 따라 고통이 다르게 느껴지는 거래."

"나 자신을 제일 먼저 다독여줄 사람은 친구도 아니고 나야, 나."

어릴 적 친정 부모님은 두 분 다 일을 하셨다. 60살이 넘는 지금도 일을 하신다. 퇴근 시간이 6시인 엄마를 5시부터 기다렸다. 회사 앞에 서서 지나가는 차를 보며 색깔을 이야기하고 번호판을 따라 읽으며 시간을 보냈다. 외로웠다. 먹고사느라 바쁘신 부모님을 원망하지 않았다. 삭막한 현실 속에서 살아가기 위해 고군분투한 부모님을 나쁜 부모로 만들고 싶지 않았다.

결혼 후 엄마가 된 내 모습에서 친정엄마의 모습이 보였다. 뭔지 모를 불만이 불쑥 튀어나와 나를 괴롭혔다. 그 괴로움은 고스

란히 아이들에게 전해졌다. 부정적인 감정이 대물림되고 있었다. 그때 책이 알려준 "괜찮아. 그럴 수도 있지."라는 문구가 떠올랐다. 좋은 엄마가 되기 위해 책을 읽지 말고 내 안에 있는 상처를 치유하는 책 읽기에 몰입하기로 했다. 한 권을 읽고 그 책에 실린 인용 문구가 마음에 들면 출처가 되는 책을 사서 읽었다.

"많이 외로웠구나. 부모님의 사랑을 받지만, 너에게는 충족되지 않았구나. 괜찮아, 네 잘못이 아니야. 그럴 수 있어. 그때, 네 마음이 어땠어?" 하고 스스로에게 묻고 그 물음에 대한 답을 적어 내려갔다. 혼자 펑펑 울기도 하고 웃기도 했다. '어른 보라'가 상처받은 '어린 보라'를 달래줬다. 이해해주고 토닥여줬다. 책과 함께 치유의 시간을 가지고 친정 부모님과 여행을 다녀오고 나서 적은 글에는 원망도 한탄도 없었다.

엄마, 미안해. 아빠, 미안해. 거짓 기억으로 합리화시켜 미안해. 늦기 전에 소중한 부모님을 더는 잃지 않게 책을 읽고 글을 썼나 봐. 여행 가기 전에 얼마나 싸울까? 몇 번 화를 낼까? 서로 상처 주진 않겠지? 걱정하고 두려워했던 내가 미안해. 외롭게 살았던 우리. 외동딸이라 싫었어. 이젠 아니야. 새로운 가정을 만들어 살아갈 수 있는 생명을 나에게 줘서 고마워. '미안해' 아닌, '고마워'란 말을 아낌없이 할게.

토닥이며 감싸주며 살자. 나보다 더 친자식처럼 살갑게 굴어주는 신랑 고마워. 나도 시댁에 더 잘할게.

책에 말을 걸고 떠오르는 생각을 적었다. 옛 과거를 떠올리며 그때의 나를 회상했다. 생각나는 대로 줄줄이 적었다. 거짓일 수도 있지만 기억나는 대로 썼다. '거짓말 아니야? 그때 기억이 틀린 거 아니야?'라고 책은 말하지 않았다. 읽고 쓰기를 반복했다.

쓴 글들을 마음이 진정되었을 때 차분히 읽어 내려갔다. 눈물로 번진 글자가 내 마음 같았다. 알 수 없는 내 마음처럼. 신앙이 없는 나에게 책은 믿음이고 안식처였다. 한 줄 한 줄 읽어 내려가면서 내 마음에 들어왔던 생각, 감정, 행동 등을 떠올렸다. 에고가 '내'가 아닌 것처럼 상처 역시 '내'가 아니었다. 누구의 잘못도 아니었다.

외로운 어린 시절은 부모님의 탓이고 독박육아를 하는 현실은 신랑의 탓이라 단정 지었던 그때의 상처를 나 자신과 분리하여 보게 됐다. 세모에게 네모로 변하라고 하면 변할 수 있을까? 내 상처를 치유하기 위해 타인을 아프게 했다. 그들에게 받은 상처를 이야기하면서 미안하다 사과했지만, 결국 그들도 나처럼 더 아파했다.

책으로 타인의 경험과 치유의 과정을 경험할 수 있었다. 책은 상담자였고 약을 처방해주는 약사였다. 충고도 하지 않았고 함부로 판단하며 나무라지 않았다. 사람이 살다 보면 어릴 적 받은 상처로 끝나지 않는다. 내면 치유는 평생 살아가면서 해야 할 수행이다.

사소한 일이지만 나 자신에게 큰 상처가 될 수 있다. 그 상처 또한 '나'라 생각하며 에고 속에서 힘들어하는 게 인생사다. 마음이 아플 때마다 상담사를 찾아 치료해 달라 할 수 없다. 비용도 문제지만 엄마들은 자기 자신의 내면보다 오늘 저녁에 뭐 해서 먹을지가 더 큰 걱정이다. 다른 사람이 치료해주는 것이 아니라 책으로 자신의 의지를 키워 문제를 인식하고 바꿔야 한다. 과거의 나도, 현재의 나도 인정해버리면 된다. 이것이 바로 '치유를 위한 책 읽기'다.

카타르시스와 통찰을 통해 내 삶을 들여다보고 나를 사랑할 수 있게 된다. 여기서 그치지 않고 아이들과 미워했던 사람들까지 있는 그대로 받아들여진다. 이 책을 집필하려고 마음먹었을 때 큰아이와 이런 대화를 나누었다.

"두 번째 책은 책을 읽은 후 깨달은 점과 삶의 변화를 써보려고 해. 혹시나 엄마처럼 힘들어하는 사람들에게 책이 도움이 될 수 있을지 몰라서."

"그럼 제목을 뭐로 할 거예요?"

"글쎄 뭐로 하지? 일단 글을 써보면서 생각하려고. 떠오르는 제목이 있어?"

"음, 책을 읽고 성격이 바뀌었다!"

"웅? 엄마가 책 읽고 나서 성격이 바뀌었어?"

"네, 책 읽고 나서 화를 별로 내지 않아요. 표정도 밝아졌고 기분 좋아 보이니깐."

"그렇구나. 왠지 미안해지는데. 엄마가 책 읽으면서 왜 화가 나고 슬픈지에 대해 마음을 들여다볼 수 있었거든. 예전 같진 않겠지만 또 마음이 힘들면 책을 볼게!"

치유를 위한 책 읽기는 아이에게 내 마음을 있는 그대로 말할 수 있게 해줬다. 아이 역시 살아가면서 내면이 상처로 가득할 때 책으로 자신을 다독였으면 좋겠다. 그 길을 엄마인 내가 먼저 걸어간다. 오늘도, 내일도.

 Today's book

과거에 무시당하고 상처받은 내면아이가 바로 사람들이 겪는 모든 불행의 가장 큰 원인이라고 믿는다. 그리고 우리가 그 아이를 잘 발견해서, 상처 난 부분을 회복시켜 주고 잘 돌보아주지 않는다면, 그 아이는 성인이 된 우리의 인생에 계속적인 악영향을 끼치면서 모든 걸 엉망으로 만들어버리고 말 것이다.

— **존 브래드쇼**, 《상처받은 내면아이 치유》

에너지
– 삶의 에너지 충전

아침에 눈을 뜰 때마다 더 잘까 일어날까 고민했다. 반복되는 일상이 무료했다. 책을 읽기 시작하면서 생동감 있는 날이 많아졌다. 새벽에 일어나 못다 읽은 책을 읽고 글을 쓴다. 삶에 내려앉은 책 읽기는, 내 마음도 차분하게 만들었다. 그 차분함 속에 밖으로 나가 내 존재를 확인하고 나를 표현했다. 책을 빌미로 세상 밖으로 나왔다.

초창기엔 일주일에 한 번씩 독서 모임에 나갔다. 몸보다 마음이 바빴다. 안 하던 활동을 하다 보니 독서 모임이 삶에 긴장감을 주었다. 독서 모임을 진행하는 북 카페가 언젠가부터 내 삶에 있어 제3의 공간이 됐다. 제1의 공간 '집', 제2의 공간 '아파트', 제3의 공간은 '나를 만나는 곳'이다. 제1, 제2의 공간이 모두 집인 엄마로선 제3의 공간이 참 고마웠다.

　제3의 공간을 찾고 나서 독서 모임 횟수가 1주일에 3일로 늘어났다. 소리 지르고 협박하던 모습은 모임에선 볼 수 없었다. 오직 나에게 초점이 맞춰졌다. 책과 작가에 관해 이야기하고, 책을 통해 삶을 되돌아봤다. 그 맛을 알게 되면서부터 삶에 활력이 넘쳐났다. 하고 싶은 게 생겼고 꿈이 생겼다. 달력에 일정을 적기 시작했다. 점심 약속, 커피 약속은 줄어들고 개인 성장과 관련된 일정이 늘어났다.

　아이들은 무엇 때문에 엄마가 바쁜지 궁금해했다. 하교할 시간에 맞춰 집에 돌아오는 엄마는 워킹 맘도 전업주부도 아니었다. 격주로 참여하는 모임은 심리학책 읽기, 철학 공부, 진행을 맞고 있는 자존감 찾기 수업, 엄마 성장 독서 모임, 등대 모임(교육관 다지기) 등 고정 일정만 해도 5개다. 그땐 그랬다. 나를 시험해보고 싶었다. 무기력하게 살았던 삶을 보상받기라도 할 것처럼 말이다. 팟캐스트도 진행하고 책을 집필하는 시간도 가졌다. 운동량이 부족해 복싱도 배웠다. 알고 있었지만, 적어놓고 보니 이 정도일 줄이야! 나를 아는 사람이면 '에너지CEO홍작가' 답다고 할 것이다. 그런 시간이 있었기에 'The나다움', 1인 기업 대표가 될 수 있었다.

　저녁 준비를 하면서부터 본업인 엄마로 돌아왔다. 어떻게 하루를 보냈는지 이야기하고 점심은 뭘 먹었는지 이야기를 나눴다.

저녁 시간엔 육아에 집중했다. 수요일, 금요일은 아이들이 2시면 수업이 끝난다. 일찍 하원하는 날엔, 함께 볼일을 보거나 도서관에 갔다.

육아와 '나'가 중심인 삶이 균형을 잃으면 우울해졌다. 아이가 아프거나 심리적 불안감을 느낄 정도로 바쁘게 지내면 고열로 몸 져눕거나, 아이의 떼씀 같은 멈출 만한 일들이 생겼다. 아이를 품고 가야 했다. '에너지CEO홍작가'는 에너지 넘치는 나와 잘 어울리는 내 별명이다. 엄마 삶과 내 삶의 균형을 유지하기 위해 의식하며 되돌아본다. 그 비결이 책 읽기다.

바쁜 일상 속 책 읽기가 우선순위에서 밀리게 되면 초조하고 불안했다. 책과 만나는 시간이 줄어들다 보니 차분함 속에서 나를 만나는 시간도 줄어들었다. 책 읽기는 에너지CEO로 살게 해주는 최고의 영양제라서 이 행위가 줄어들수록 안정감이 없다. 충전한 배터리가 10%도 남지 않았을 때 핸드폰은 경고 메시지를 보낸다. 5%로 줄어들면 화면의 밝기도 어두워진다. 어떻게든 ON 상태를 유지하기 위해 모든 동작과 시스템을 최소화한다. 나 또한 마찬가지다. 에너지가 10%로 남았을 때 내 몸이 보내는 메시지는 짜증, 화, 걱정, 불만이다.

아이들 방의 책상은 그냥 지나칠 수 없게 된다. 어질러 놓은 것들이 눈에 거슬린다. 공부보다, 가슴 뛰는 일을 찾으라고 외치던 엄마는 어디에 갔을까? 생리 전 증후군처럼 책의 목마름을 직시하고 또 "그날이 왔구나." 한다. 이런 증상이 보이면 일정 조정에 들어간다. 독서 모임을 하루 쉬거나 약속을 다른 날로 옮긴다. 그리고 도시락을 싸서 도서관에 간다. 아이들이 일찍 오는 날이면 집에서 커피 한잔을 내리고 책을 읽는다. 에너지를 충전하기 위해 책을 펴면 기분이 좋아진다.

살기 위해 읽기 시작했다. 이제는 살고 싶어 읽는다. 하루를 온전히 책과 보내고 나면 살아있음을 느낀다. 앞만 보고 달리는 치타처럼 살고 싶진 않다. 나무늘보처럼 느리게도 살고 싶지 않다. 하고 싶은 게 많아졌고 사명감이 드는 일이 있기 때문이다. 적당함이 가장 어렵다. 그 어려움을 책이 해소해준다.

"홍 작가님은 매일 바쁘죠? 언제 만날 수 있을까요?"

"활동하는 것들 블로그로 잘 보고 있어요. 언제 다 그렇게 하세요?"

두 번째 책을 쓰고 있다는 말에 주위 사람들은 '엄지 척!' 사인을 보낸다. 무기력한 삶을 살아본 엄마였기에 에너지 넘치는 여자로 살고 싶었다. 방학 때나 연휴가 길 때에는 아이들과 어떻게 하루를 보낼까 고민이었다. 아이 나이가 어렸기도 하고 엄마가 필요한 일이 많았다. 걱정이었다. 위기가 오면 위축되고 무기력해진다. 무기력은 책을 읽고 싶은 욕구까지 없앴다. 근심·걱정이 있을 때도 마찬가지다. 나라고 365일 '책이 좋아요!', '책 읽고 싶어요!' 할까? 독서에도 정체기가 있다. 그것이 내게도 찾아왔다.

두 아이가 편도염에 걸렸다. 여름 무더위를 식혀주기 위해 분수가 있는 공원에 갔다 왔다. 물이 더러워서인지, 젖은 몸의 온도 차인지, 둘 다 열이 오르기 시작했다. 39도가 넘었다. 거실에 이불을 폈다. 해열제와 약을 먹이고 눕혔다. 계속 가라앉아 잠만 자는 아이들. 아파 음식물도 못 넘기고 누워만 있는 모습이 눈에 들어왔다. 식탁에 앉아 책을 폈다가 덮었다. 글자가 눈에 들어오지 않았다. "얼마나 힘들까?" 열이 나니 어지러워 앉아 있지 못하는 아이들 옆에 같이 누웠다. 팔베개를 해주며 두 아이를 안았다. 엄마 품에 안겨 끙끙대며 자는 아이들. 어느새 나도 눈을 감고 잠이 들었다.

5일 동안 열은 내려가지 않았다. 열이 떨어질 때까지 누워 책을 읽어주기도 하고, 자다 깨다를 반복했다. 요즘은 아이들이 만화보다 유튜브 동영상을 더 좋아한다. 가상세계나 특정 유튜버의 동영상을 찾아본다. 말로만 듣던 것을 함께 봤다. 엄마의 관심을 아이들은 좋아했다. 생활 패턴이 깨지고 뒤죽박죽한 생활이었다. 식탁보단 바닥에 누워 있는 시간이 많았다.

열이 떨어지고 편도염도 나았을 때 다시 책을 펴고 식탁에 앉았다. 늘 그 자리에서 묵묵히 나를 기다려주는 벗이 어서 오라며 자기의 존재를 드러냈다. 에너지가 불끈 솟았다. 일상 속 책 읽기의 소중함을 다시 느끼며 책에 몰입했다.

하루만 머리를 안 감아도 답답하고 불편하다. 나에게 책 읽기가 그렇다. 손톱으로 머리를 긁으며 샴푸질할 때의 그 개운함이 책을 읽어 내려갈 때의 기분과 같다. 게으름이 나쁘다고 생각했다. 이젠 아니다. 게으름은 쉼이고 멈춤이었다. 일손을 놓고 자기 자신에게 돌아가는 시간이었다. 책을 읽지 않아도, 끈을 놓지 않고 언젠가 다시 책 읽기로 돌아간다면, 그 시간도 나 자신을 돌아보는 시간임이 분명하다.

책 읽기가 삶 속에 스며들면서 어떤 새로운 삶을 살게 되었는지를 많은 사람에게 알려주고 싶었다. 매일 노트북을 켜고 한글 파일을 열었다. 잠깐 시간이 날 때마다 글을 썼다. 책을 읽으면서 생각과 행동의 변화를 적다 보니 더 목말랐다. 신랑에게 말했다.

"글 쓰는 시간이 많아지다 보니 책 읽을 시간이 없어."

"하루라도 책을 읽지 않으면 입안에 가시가 돋는다, 이거네."

"내 명언은, 하루라도 책을 읽지 않으면 똥을 덜 닦고 자는 느낌이다, 랄까?"

"아무튼, 사람이 너무 달라져도 안 되는 거야. 뭐든지 '적당히'가 좋더라."

사랑을 걱정으로 표현하는 신랑이다. 예전 같았으면 무시한다고 서운해했을 것을, 웃으며 넘겼다. 이런 쉼은 쉬는 게 아니라 책 읽기의 연장선이라 말할 수 있다. 에너지 넘치는 삶을 살기 위해서 계속 앞만 보고 달려갈 순 없기 때문이다. 책으로 에너지를 채우고 비우기를 반복한다.

매일 고요함 속에서 나를 들여다본다. 내면의 변화를 느낀다. 하고 싶은 일이 생겼을 때 이것을 하는 게 맞는지 고민할 때가 있다. 그것을 했을 때 에너지가 소모되더라도 꼭 해야 하면 행동으로 옮긴다. 책에서 얻은 하나의 깨달음이 새로운 행동으로 이어질 때의 짜릿함! 중독이다.

삶의 에너지를 충전하기 위해 영양제를 챙겨 먹는다. 활성화 에너지 충전은 비타민B다. 여행과 휴식, 운동으로 에너지를 충전하기도 한다. 혹시 이외에 다른 충전법을 원한다면 나를 믿고 책을 읽어보면 좋겠다. 평생 책이랑 거리가 먼 사람이라도 할 수 있다. 내게 책은 학창시절에는 쉬는 시간에 베고 자는 베개였다. 어른이 되서는 독서는 시간 많은 사람이 하는 교양 있는 취미라 생각했다. 내 삶의 변화가 여러분에게 책 읽기의 동기 부여가 되길 바란다.

 Today's book

종이책은 '무한 에너지'를 가진 매체다. 충전시키지 않아도 되고, 콘센트에 꽂지 않아도 볼 수 있다. — **김무곤**, 《종이책 읽기를 권함》

나
– 나를 찾아가는 여행

한 복지관에서 강의했던 날을 잊을 수 없다. 사회복지사님이 내 책을 읽고 강의를 요청하셨다. 서울 맨 끝자락에 있는 그곳은 서울 같지 않은 울창한 숲속 작은 동네였다. 복지관에 새로운 엄마 모임을 시작한 것이다. 그리고 사회복지사님이 모임을 시작하기 전에 내 삶의 변화를 들려달라고 하셨다.

나는 강의 시작 전에 수강자들에게 자기소개를 부탁했다.

"안녕하세요? 저는 5살, 3살 두 남매를 키우고 있는 OO 엄마입니다."

아이 이름 말고 자신의 이름으로 소개해달라고 조건을 달았다.

"어머님들! 이 시간은 OO 엄마 말고, 여러분의 이름을 말씀해보세요. 우리끼리는 이름을 불러보자고요!"

마이크를 옆으로 옮기는데 한 어머니가 눈에 들어왔다. 소개하기 전부터 눈에 눈물이 글썽거렸다.

"반갑습니다. 저는 김미소입니다. 7살 아들을 키우고 있어요."

말을 잇지 못했다. 울먹거리며 간신히 자기 이름을 이야기하는 어머니의 등을 토닥여 드렸다. 어느 정도 안정되었을 때 물어봤다.

"왜 눈물이 나셨어요? 아까 감정이 어땠는지 여쭤봐도 될까요?"

"한동안 제 이름을 불러보고 들어본 적이 없었어요. 아이 낳고 병원에 있을 때가 마지막인 거 같아요. 다른 분들 이름을 듣는데 왠지 모르게 서글픈 눈물이 나더라고요."

그 말을 듣는 순간, 이름을 말하지 못했던 지난날의 서글픔과 엄마로 사는 삶의 고충이 느껴졌다. 엄마가 되고 어느새 이름도, 기억도 희미해진다. 첫 아이를 낳고 아이 이름이 생기면서 'OO 엄마'가 된다. 시어머님도 아이 이름으로 나를 부른다. 전화번호를 저장할 때도 엄마 이름이 아닌 아이 이름으로 저장된다. 나 또한 'OO 엄마'로 저장했다. 어느 순간부터는 엄마 이름을 물어보고 저장했지만, 다시 만났을 때 그 엄마 이름을 쉽게 부르지는 못했다.

신랑의 동료 모임에서 만난 사람들, 아이 어린이집에서 만난 엄마들, 학교에서 만난 엄마들. 엄마가 되면서부터 맺은 인간관계 중심에 'OO 엄마'는 있어도 '나'는 없었다. 전문직 여성으로 사회생활을 했다. 점심시간에는 구내 별 다방 커피를 사 들고 사무실을 오고 갔다. 일찍 퇴근하는 날에는 강남 와인바에 앉아 친구를 기다리며 서울 여자로 살았다. 과거의 사진이 없다면 증명되지 않을 옛 추억들. 그땐 그랬지만 지금은 그런 내가 없다. "나는 누구지?", "나 좀 괜찮지 않았나?"

알고 싶었다. 책으로 타인의 경험과 조언을 들으며 나를 만났다. 시골 의사 박경철의 《자기 혁명》을 읽었다. 첫 문장이 머리와 가슴을 때렸다.

"당신은 지금 당신 삶의 주인인가?"

이런 말을 하면 "저는 지금 애들을 키우고 있어서 저보단 애들이 먼저예요.", "아이 잘 키우는 게 제 삶을 잘 사는 거 아닐까요?"라는 답이 돌아온다. 머리와 가슴이 아팠다. 아이를 품고 살고 있지만 삶의 중심에 '나'가 없었다.

책을 통해 왜 삶에 나를 놓고 살아가야 하는지 알 수 있었다. 자기 혁명이란 '자기가 만들어놓은 틀을 깨고 나오는 것'이다. 경계를 허물고 새로운 것, 새로운 사람, 새로운 가치를 받아들이고 기존의 것들을 타파하는 게 자기 혁명이다. 엄마라는 삶 속에 만들어놓은 틀과 규범에서 스스로 깨고 나와야 했다.

모든 원인이 타인에게, 외부에 있다 생각했다. 너 때문에, 그것 때문에 힘들다며 울부짖었다. 그런데 아니었다. 아니라는 것을 알고 있었지만 받아들이지 못했다. 책을 계속 읽으며 외면했던 것을 받아들일 용기를 키웠다. 맞서 싸우는 것도 혁명이다.

　도덕경의 '참삶이 자기 부정을 통해 참 자기가 새롭게 탄생한다는 뜻'의 한 구절을 읽고 내 생각을 글로 옮겨 보았다.

　나를 비우고, 나를 앞세우지 않고, 나를 배우면서 자기를 완성하기 위해 또 비우기. 그것이 내 자신에 대한 부정에서 시작할 수 있구나. 고로 지금 현재 부정적이거나, 자기 자신에 대해 의문이 들면 비움이 시작되었다는 것이다! 내 삶을 3인칭 시점에서 보기 시작하자. 부정이 곧 긍정의 출발이라 했으니 내가 내 삶의 혁명가가 되어 참삶을 살아가면 되는 것이다. 알게 되고 깨닫게 되어 다행이다. 누가 알려주는 것보다 책에서 얻은 깨달음은 나를 행동하게 한다. 행동할 수 있어 좋다. 무기력하지 않아서 좋다.

　살기 위해, 바뀌기 위해 무조건 책을 읽기 시작했다. 독서습관을 들이기 위해 시간만 나면 식탁에 앉았다. 1년에 100권 읽기를 하며 권수에 집착했다. 책 읽기가 숙제처럼 느껴졌다. 책의 권수는 늘어나는데 남는 건 많지 않았다. 처음부터 책의 내용을 옮겨 쓰고 내 생각을 쓴 게 아니었다. 내용을 이해하고 받아들이는데도 시간이 걸렸기 때문이다.

　채워짐이 느껴질 때, 왜 그것에 공감하는지, 아니면 왜 비판하는지를 쓰기 시작했다. 책을 읽는 속도는 늦어졌지만, 필사 노트를 보며 책을 읽고 얻은 것들을 한눈에 볼 수 있었다. 언제든지 펼쳐보며 생각의 변화와 행동할 거리를 찾을 수 있었다.

빨리 읽고 싶은 책은 인덱스를 붙이며 완독 후 필사를 했다. 천천히 곱씹으며 한 페이지를 넘겼다. 읽기 아까운 책들은 읽으면서 바로 옮겨 적었다. 천천히 읽었다. 그렇게 하다 보니 내가 누군지, 나는 어떤 상처와 어려움에 힘들어하는지 알 수 있었다. 반복적으로 적은 생각들이 힌트였다.

부정이 곧 긍정이라 한 것처럼, 생각의 전환이 시작됐다. 무엇을 좋아하고, 어떤 것에 관심이 있는지, 내향성인지, 외향성인지, 화를 내는 포인트가 무엇인지도 알아차리게 되었다. 레이더가 돌아가며 인식할 준비를 하는 것처럼 나 자신을 인식하고 의식했다. 삶의 중심에 나 자신을 집어넣기 위해 책을 읽었다. 독서 습관은 스스로 만들어놓은 틀을 깨고, 조금 더 나은 삶을 살기 위해 의식하는 사람으로 만들었다.

물론 잘되어 가다가도 다시 땅이 꺼지는 한숨을 쉬고 '언제까지 나를 찾아야 해? 죽을 때까지 성장하는 게 사람이라는데.' 하고 신세 한탄도 한다. 한 번씩 오는 우울함과 공허함을 모두 해결해주진 못했다. 당연하다. 하지만 달라진 점이 있다. 나를 찾아가는 여행 중에 오는 슬럼프를 의식하고 받아들이는 자세가 달라졌다. '왜 그렇지? 왜 또 그래?'보다는 '그럴 수도 있지. 또 왔구나! 왔네. 왔어. 언제 다시없어지겠지?, 아직 슬럼프네 며칠 더 걸리

겠구나!' 하고 인정하는 게 책 읽기로 얻은 수확이다.

소위 말하는 '회복 탄력성'이다. 용수철을 튕기면 다시 제자리로 돌아오는 것처럼 나 자신을 다시 정상 위치로 돌려보내는 힘이 예전보다 훨씬 빨라졌고 커졌다는 것을 알았다. 그 힘을 알기에 인정하는 게 쉬웠다. 책을 읽으면서 마음을 다스렸다. 다시 제자리로 돌아올 날을 기다렸다. 시간이 흐른 후, 아무렇지 않게 일상을 살아가는 나를 보면서 '다시 제자리로 돌아왔구나!' 하고 생각했다. 이 모든 과정이 나를 찾아가는 여행이다. 부정적인 틀을 깨고 받아들여 긍정으로 변화하는 것, 인식하고 의식하며 사는 것이라고 인정해버리니 편했다.

나는 마음공부를 책으로 했다. 마음공부는 명상이나 프로그램을 통해도 할 수 있다. 하지만 엄마인 내가 가장 빨리할 수 있는 방법은 '책 읽기'였다. 마음공부는 자아를 성찰하게 했다. 자기 관점에서만 보던 자아를 외부에서 보게 했다. 내면이 건강해지니 외모 콤플렉스도 사라졌다. 타인의 시선과 판단이 두려워 의기소침했던 몸가짐을 당당하고 자신감 있게 바꿨다.

나를 긍정하기 시작했더니 자기애가 상승했다. 자기애의 상승은 자존감을 상승시켰고 자신감을 키워줬다. 중심에 '홍보라'를 놓고 아이들과 함께했다. 내 울타리를 안전하게 치고 육아를 했다. 가끔 울타리 안에 아이들과 함께하기도 하고, 혼자서 책을 읽으며 나 자신을 되돌아보기도 했다. 책을 통해 다양성을 만나고 자아를 찾았다. 감정이 순화되면서 지식뿐만 아니라 감정과 사고가 새롭게 재발견되었다. 그 발견에 쾌감을 얻고 생각과 행동을 새로 조직화하면서 엄마 성장의 속도를 높였다.

일본의 저널리스트인 다치바나 다카시는 읽을 책이 너무 많아 책 빌딩을 지었다. 그 역시 책으로 '나를 찾아가는 여행'을 했다. 그는 이렇게 말했다.

"내가 알고 싶은 것은 단 한 가지다. 나 자신은 대체 어떤 사람인가? 나와 나 자신은 어떤 관계를 맺고 있는가? 바로 이것을 알기 위해 나는 계속해서 책을 읽어왔다."

'엄마'이면서 '홍보라'이고 싶지 않다. '홍보라'이면서 '엄마'이고 싶다. 아이를 품고 내 이름을 찾는, 이름의 진정한 값어치를 스스로 만드는 엄마가 많아졌으면 좋겠다. 그 보물찾기의 열쇠가 책이면 더 좋겠다.

 Today's book

하늘과 땅이 영원한 까닭은 자기 스스로를 위해 살지 않기 때문이다. 그러기에 참 삶을 사는 것입니다. 성인도 마찬가지. 자기를 버리기에 자기를 보존합니다. 나를 비우는 것이 진정으로 나를 완성하는 것 아니겠습니까?

— **장자**, 《도덕경》〈제7장 하늘과 땅은 영원한데〉

사랑
- 엄마로 사는 행복

봄바람이 솔솔 부는 아침, 베란다 창문을 열고 하늘을 쳐다봤다. 차가운 바람은 추운 나라로 날아갔나 보다. 나가고 싶었다. 아이들이 어릴 때는 주말마다 밖으로 나갔다. 집에만 있으면 온 시선이 아이에게 맞춰져 간섭, 잔소리, 화, 분노 등 슬픈 드라마가 펼쳐졌다. 분명히 사랑하는 아이들인데, 행복할 때도 많은데 왜 한 번씩 무너지는 걸까?

그게 싫어 책을 읽었다. 나만 바라보는 아이들이 부담스러웠다. 부정에너지가 도는 집을 나가야 했다. 더 늦기 전에 외출 준비를 서둘렀다. 누워서 옷을 입고, 칫솔을 물고 있는 아이를 보니 화가 치밀어 올랐다.

"누구 때문에 나가는데 이러고 있어? 안 갈 거야?"

솔직히 아이를 위한다지만, 내가 나가고 싶었다. 아이들에게 화내고 싶지 않았다. 사이좋게 지내고 싶었기 때문에 어디든 갔다. 외출하고 나면 하루가 금방 갔다. 확실히 밖에 나가면 화를 적게 내고 상처도 덜 줬다.

책을 읽으며 나란 사람의 화와 분노는 어디에서 오는지 알아갔다. 나를 들여다보면서 육아가 왜 힘든지 알게 됐다. 잘 키우고 좋은 엄마가 되기 위해서는 항상 아이들에게 무엇인가를 해줘야 한다고 생각했다.

한겨울에 물놀이를 하고 싶다는 아이에게 수영복과 구명조끼를 입혀 욕조 샤워기로 물을 뿌려주는 옆집 엄마를 만났다. 그 엄마의 이야기를 듣고 집에 와 아이들과 물놀이를 했다. 시작은 좋았으나 끝은 역시 나다웠다. 어질러진 욕실과 벗어놓은 수영복을 보니 피곤하고 기분이 좋지 않았다. 몸이 피곤하니 금세 화가 났다. 그날 밤 아이들을 재워놓고 식탁에 앉았다. 답답한 마음에 책을 폈다. 베르벨 바르데츠키가 쓴 《나는 괜찮지 않다》였다. 어릴 적 환경과 자기애의 형성에 따라 생기는 화와 분노, 거식증, 대인관계의 문제점 등을 다룬 여성 심리학책이다. "나는 틀린 게 아니라, 달랐던 것뿐이다." 어찌 내 마음을 알았나 싶은 문장이 눈에 들어왔다.

물놀이를 했다는 그 엄마와 나는 달랐다. 그 엄마는 아이들과 함께 진심으로 즐기며 놀이를 했다. 본인이 아이보다 더 재미있어했기 때문에 끝까지 화를 내지 않고 놀이를 마무리할 수 있었다. 엄마가 놀이를 좋아해야 엄마표 놀이를 할 수 있다. 아이가 좋다고 하니까 마지못해 하는 게 아닌, 엄마도 아이도 좋아해야지만 가능하다. 모든 육아가 마찬가지였다.

나는 틀린 게 아니라, 달랐다. 좋은 엄마, 잘 놀아주는 엄마와 비교하며 나 자신을 자책했다. 힘들게 애쓰다 보니 결과가 좋지 않았다. 인정하고 받아들였다. 책이 '괜찮아 힘내.'라고 말해줬다. 책을 읽으며 나에게 맞는 엄마 상을 찾고 싶었다. 예전과 다른 엄마가 아닌, '나'가 되고 싶었다. 착하고 좋은 엄마가 아닌 아이를 품어주고, 진심으로 안아줄 수 있는 엄마 말이다.

엄마가 되고 누군가를 키우고 보살피는 행복을 느끼면서 인문학의 길을 가고 싶었다. 남이 가는 길을 맹신적으로 따라가고 싶지 않았다. 책은 타인의 삶에서 도움을 받고 나에게 맞는 방법으로 승화시켜주는 길잡이가 돼줬다. 엄마라는 행복의 중심에 '나'가 있어야 했다. 책과 사람에게 무조건 의존했던 나는 조금씩 나 자신에게 의존하기 시작했다. 그렇게 생각하면서부터 모든 일상이, 삶에 일어나는 크고 작은 사건이 메시지로 전달됐다.

작은아이를 하원시키고 운동하러 가던 날이었다. 11살 큰아이와 7살 작은아이는 2시간 정도 둘이 집에 있을 수 있었다. TV를 보거나 놀면서 엄마를 기다렸다. 작은아이 하원 후 곧바로 운동하러 가기 위해 집 앞까지 아이를 데려다주고 돌아서며 인사했다.

"엄마 갔다 올게. 누나랑 잘 있어. 무슨 일 있으면 전화하고."

작은 유치원 가방을 등에 메고 연신 손을 흔들던 아이가 말했다.

"엄마, 사랑해"

"엄마도 사랑해"

"엄마, 내가 더 사랑해. 잘 갔다 와. 누나랑 잘 있을게. 운동 열심히 하고 와."

한참 동안 사랑한다고 말해줬다. 기분 좋게 엄마를 보내는 아이를 보며 행복했다. 아이의 순수한 사랑 고백이 더없이 행복했다. 짜릿했다. 엄마라서 참 좋았다. 살맛났다. 늘 옆에 있어야만 좋은 엄마라 생각하고 같은 공간에 있으려고만 했다. 온 시선을 아이에게 맞췄다. 아이를 닦달했다. 서로 건전한 거리를 두니 각자의 삶을 존중하고 인정할 수 있었다. 질문을 품고 책을 읽으면 마법처럼 그 질문의 답이 보였다.

"엄마로 살기 힘들다. 난 왜 남보다 힘들어할까?"

"엄마로 살려고 하니깐 힘든 거야. 너로 살면서 엄마로도 살아보는 건 어때? 넌 틀린 게 아니라, 다른 거니깐 힘내!"

의식하며 인정하며 살아가기! 인정해버리면 편했다. 희망이 보였다. 희망은 인정과 받아드림의 가면을 쓴 아득함 같았다. 엄마 경력 12년 차다. 아직도 화를 내고 분노 조절이 되지 않을 때가 있다. 글을 쓰거나 무엇인가에 집중할 때, 아이가 묻곤 한다.

"엄마, 화났어요?"

화난 표정으로 미간을 찌푸리며 입을 쭉 내밀고 집중하는 나를 아이는 불안해했다. 엄마가 화가 났는지, 기분이 좋지 않은지, 주의 깊게 살폈다. 눈치를 보고 화의 불덩이가 자기에게 떨어질까 봐 동생까지 돌보느라 애쓰는 모습이었다. 책을 읽으며 마음을 다스리기 전에는, 화났냐는 물음에 바로 소리를 질렀다.

"엄마 화 안 났거든! 집중하느라 그런 거야. 내가 네 눈치 보여서 뭘 하지도 못하겠어!"

불덩이를 바로 토스해서 아이에게 안겨주었다. 이젠 의식하면서 한 박자 쉬고 아이 말을 생각하게 됐다. 아니, 말이 아니라 마음을 생각하게 됐다. 내 표정이 아이를 불안하게 함을 인정했다.

"엄마 화난 거 같아? 집중해서 그런 거야. 괜찮으니까 걱정하지 마. 불안해하지 말고. 앞으로 이런 표정을 하면 집중하는 시간이라 생각해줘!"

"네. 엄마 화나면 전 싫어요. 억울하게 혼날 때가 많아서요."

"그렇구나. 마음을 이야기해줘서 고마워. 말 안 해줬으면 몰랐을 텐데 말이야."

사람은 사랑이 변할까 두려워한다. 아이가 주는 메시지로 삶의 교훈을 얻었다. 사랑이 변하는 게 아니라 사람이 변한다는 것을 알았다. 잃어가고 변해가는 사랑을 책을 읽으면서 찾아간다. 살아있는 존재가 아닌 책이, 아이와 나 사이를 다듬어준다.

나 자신을 다듬는 것은 평생 해야 할 일이다. 해결되지 않는 분노 조절의 수위는 예전보다 낮아졌지만, 아직도 조절에 실패할 때가 있다. 평생교육원에 분노 조절상담사 수업을 신청했다. 겨울 방학 동안 매주 목요일마다 야간 수업을 들었다. 방학은 엄마 본업에 충실할 시간이다. 프리랜서로 일하는 나는 방학 때 일정을 많이 잡지 않는다. 집밥에 더 신경을 쓰고 아이들과 책도 보고 여행도 가며 충전 시간을 가진다. 책을 읽기 전에는 방학이 무서웠다. 겁이 나서 방학 시작 며칠 전에 몸살을 앓았다. 무엇인가를 배우고 주체적인 삶을 살아가는 맛을 알게 되면서 늘 새로운 것을 도전하며 산다. 자격증 책을 보고, 수험생이 되어보기도 한다. 이 모든 것을 책을 읽으며 시작했다.

엄마가 되지 않았다면 책을 쓸 수 있었을까? 책을 읽다 보니 차고 넘치는 내 삶의 이야기를 쓰고 싶었다. 책을 쓰며 내 안을 들여다봤다. 책과 아이들이 없었다면 37살에 꿈을 찾지 못했을 것이다. 아이를 품고 일을 하는 워킹맘이 되지 못했을 것이다.

책과 한 3년. 그 후 일어난 삶의 변화는 무기력한 나를 일으켜 세웠다. 가족이 잠든 새벽 4시 글을 쓰고 책을 읽으며 주말 아침을 맞이했다. 7시가 되어도 깊은 잠을 자는 가족들을 보며 다시 이불 안으로 들어갔다. 다리를 쭉 뻗으며 잠이 든 아이들을 껴안고 나도 모르게 다시 잠이 들었다. 눈을 떠보니 10시다. 벌떡 일어나지 않고 누워 있었다. 내가 없어도 아침 일상이 잘 돌아가는 것 같아 행복했다. 아이들도 많이 컸고 신랑도 아침 한 끼는 알아서 차려 끼니를 해결할 수 있는 사람이 되었다. 거실에서 들리는 숟가락과 젓가락 소리가 흥겨웠다. 엄마 없이 아빠와 함께 밥을 먹는 아이들의 모습을 상상하며 방문을 열고 나왔다.

"더 자지 그래? 아침밥 먹을 거지? 달걀 구웠거든. 자기 것도 조금 남겨놨어. 애들이 다 먹을까 봐."

내가 할 수 있는 사랑만큼 그들에게 줬다. 애쓰며 주지 않았다. 진정한 사랑이란 각자만의 스타일로 주고받는 것 같다. 정혜신의 《당신이 옳다》를 주제로 강연하는 날, 영감자로 오신 이명수 선생님이 말씀하셨다. 정혜신 선생님이 아침마다 서재에 올라와 웃으며 이명수 선생님을 안아주신다 했다. 사랑에 관한 이야기를 꺼내셨다. 해맑은 그녀의 웃음을 보고 있으면 심리적으로 안정된다며 "사랑이 충만해지면 안전하고 행복해져요."라고 말했다. 그 말을 머리와 가슴에 새겼다. 참 좋은 말이었다. 살아갈 만한 말이었다.

나만의 사랑을 찾아 나답게, 사랑을 주고받으며 살면 좋겠다. 책을 읽으며 작은 것에도 행복함을 느끼는 사람이 되기를, 그 행복을 사랑으로 표현하는 사람이 되기를 바란다. 우리 같이 그랬으면 좋겠다.

Today's book

엄마는 결코 화를 내선 안 된다고 생각하는 사람들이 많습니다. 그러나 화가 나면, 화를 내는 게 차라리 좋습니다. 그것이 지나치게 폭력적인 방식이 아닌 선에서 그렇습니다. 아이 입장에서는 잘못했을 때 화를 내는 엄마가, 터질 듯한 화를 누르고 번드르르한 말을 하는 엄마보다 편안합니다. 아무 말도 하지 않고 팽팽한 긴장과 차가움이 흐르는 것보다 서로의 감정을 표현하고 이해하고 받아들이고 흘러가게 두는 것이 생동감 있는 삶입니다. 그러니 엄마부터 솔직하고 담백하게 마음과 생각을 표현하세요. 어설픈 공감과 질문보다 그것이 훨씬 아이에게 바람직합니다. ── **김경림**, 《나는 뻔뻔한 엄마가 되기로 했다》

나눔
– 좋은 건 함께하기

　나는 미용실에 자주 가지 않는다. 중화제며 화학약품이 좋지 않았기 때문이었다. 출산 후 100일이 지났을 때 머리 감기가 무서웠다. 살짝만 잡아당겨도 머리카락이 한 줌씩 빠졌다. 하수구에 엉켜 있는 머리카락을 볼 때마다 속상했다. 친정엄마가 오실 때 가끔 미용실에 다녀왔다. 전날 원하는 머리 스타일을 찾아 났다. 단발 웨이브로 정했다. 긴 머리에 변화를 주고 싶었다. 질끈 묶고만 다니는 머리 모양을 바꾸고 싶었기 때문이다. 새로운 머리 모양을 한 내 모습이 낯설었다. 어색한 머리 스타일을 하고 집으로 돌아갔다. 바뀐 머리 스타일이 나조차 어색해 엘리베이터 안의 거울조차 쳐다보지 못했다.

　그 후 1년이 지났다. 단발 웨이브는 어깨 밑으로 내려와 축 처졌다. 봄도 되고 해서 염색하기로 했다. 오전 자유 시간이 생기면서 2~3달에 한 번씩 머리를 한다. 머릿결은 계속된 염색으로 빗자루가 됐다. 관리가 안 되는 바람에 매일 머리를 묶어 다녔다. 하는 수 없이 미용실을 찾아갔다.

"손님, 혹시 머리 색깔이 층마다 다른 거 아세요? 밑으로 갈수록 밝아요. 한번 전체 염색을 해서 색을 덮어야 할 듯한데요?"

"이때까지 그런 소리를 못 들었어요. 염색하러 올 때마다 아무 말씀 없으셔서…….."

"저도 손님같이 머릿결이 얇고 힘이 없어 말씀드리는 거예요. 자꾸 염색만 하면 머리카락도 상하고 색깔도 울긋불긋해지거든요. 전체 염색을 하고 영양을 꼭 하셔야 해요."

어떻게 해야 하는지 몰라서 매번 하던 대로 했다. 미용사는 머리를 하는 동안 집에서 손쉽게 할 방법을 알려주었다. 명함을 주며 궁금한 게 있으면 물어보라 했다. 그 후 알려준 대로 열심히 관리해서 찰랑거리는 머릿결을 갖게 됐다. 자신의 일이지만 같은 머릿결을 가진 손님을 보고 진심 어린 관심과 충고를 해준 미용사가 고마웠다.

처지가 같은 엄마들을 만나면 관심이 가고 이야기를 나누고 싶어진다. 나눔 속에 충고보다는 공감과 위로를 주고 싶다. 혼자 알고 즐기는 것보다 나누면서 함께 즐기는 게 더 행복하고 좋았다. 삶에 책 읽는 습관을 들이기 위해 매일 식탁에 앉아 책을 폈다. 그 시간이 쌓이면서부터 말도 하고 싶어지고 누구와 이야기를 나누고 싶어졌다. 참여하고 리더로 함께하는 모임이 5개 정도 된다. 엄마 성장 독서 모임, 시 필사 모임, 자존감 찾기 모임, 사교육 고민 나눔 모임 등 이젠 모임이 취미에서 일이 됐다. 모임은 공통된 관심사로 각자의 경험과 생각을 나누는 곳이다. 나의 경험뿐 아니라 다른 사람의 이야기를 들으며 몰랐던 사실도 알게 된다. 생각을 말로 하다 보면, 머릿속이 정리됐다.

'그림책으로 철학 하기'란 모임에서 있던 일이다. 《내 꼬리》라는 책을 선정해서 함께 읽었다. 꼬리가 갑자기 생긴 아이는 학교에 어떻게 갈까 고민했다. 아빠 옷으로 가려도 봤다. 땅바닥도 자기를 비웃는 것 같았다. 다시 집으로 갈까 고민하다 친구를 발견했다. 갑자기 친구가 말했다. "내 수염 봤니?" 친구도 간밤에 수염이 생겨 버렸다. 교실로 들어서니 모든 친구가 꼬리가 생기고 코가 길어지고 토끼처럼 귀가 길어져 있었다.

난 이 책을 보며 질문을 만들기 시작했다. "꼬리의 의미는 무엇일까? 사람의 에고일까? 수치심일까?" 사람은 같은 고민을 하거나 힘들어할 때 동질감을 느낀다. 이 책은 그런 메시지를 나에게 주었다. 함께 참석한 이들과 생각을 나누었다.

"'생각=나'인가?", "꼬리는 어디에서 시작되었을까?", "우리는 왜곡된 상황이라고 느껴졌을 때 어떻게 대처하는가?", "시선이 나를 향하지 않고 타인을 향하는 이유는 무엇일까?" 질문을 듣는 순간 사고가 확장되는 듯했다. 타인의 생각으로 나의 사고가 확장되었다. 열띤 토론을 했다.

내게 문제라 여겨지는 것이 누군가에게도 문제가 될 수 있었다. 그런데 생각을 나누지 않으면 우물 안에 갇혀 나만 이상하다고 단정짓게 된다. 나 역시 그랬다. 이야기를 나누면서 내 삶을 되돌아봤다. 그리고 앞으로 어떤 생각으로 살아갈지 되짚어봤다. 나눴을 때 얻는 힘이 있다. 함께 좋은 것을 나누고, 자기의 생각을 타인과 공유하고 같이 생각해볼 때 힘을 얻을 수 있다. 내 생각과 경험에 머물러 있는 것들을 다른 시선으로 생각해보는 것이다. 그렇게 함께 책을 읽으며 성장할 수 있다.

공기처럼 내 인생이 사라질까 봐 두려웠다. 아이들은 커갔다. 엄마의 손길 없이 혼자 할 수 있는 일이 많아졌다. 책을 읽으며 삶의 에너지를 얻었다. 그 에너지로 하고 싶은 일들을 준비했다. 엄마들의 자존감을 찾아주고 치유, 성장, 꿈 찾기를 함께하는 사람이 되고 싶었다. 혼자 꿈을 찾을 때까지 해왔던 여러 가지 방법으로, 프로그램을 만들었다. 엄마 모임을 시작했다. 평범한 엄마가 자존감을 찾고 삶의 중심에 '나'를 세우고 사는 모습을 함께 공유하고 싶었다.

"작가님은 어떻게 개인적인 이야기가 적힌 것들을 공유해주실 수 있으세요?"

"작가님, 잊지 않고 부탁한 것들을 매번 챙겨주시고 알려주셔서 감사해요."

내가 가지고 있는 것들을 거리낌 없이 함께할 수 있는 것은 단 하나의 이유뿐이다.

"나눔은 행복의 2배! 아니 100배!"

나만 알고 있는 것들을 나눠주고 그것으로 타인이 변화할 때 그 보람은 이루 말할 수 없다. 변화를 지켜보면서 나 또한 성장하고 에너지를 받는다. 강의나 모임은 내 안에 있는 것, 알고 있는 것을 나눠주는 것이다. 계속 나눠주면 어떻게 될까? 대나무처럼 비워진다. 그럼 채울 수 있다. 책을 읽으면서 채울 수 있다. 나눴을 때의 채움도 책 읽기로 가능하다. 이어령 교수님은 책을 전혀 읽지 않는 것보다 책만 읽는 것이 더 나쁘다고 말씀하셨다. 책을 좋아하고 책 읽기로 삶의 변화를 겪은 사람들은 "한 권의 책을 읽으면 하나의 메시지를 얻고 행동으로 옮겨야 한다."라고 공통된 주장을 한다. 신영복 선생님 역시 "공부는 머리와 가슴에서 발로까지 이어져야 한다."라고 하셨다.

책을 읽은 후 속에 담아만 놓는 게 아니라 밖으로 표출해야 한다. 모임을 진행하다 보면, 강의 섭외를 할 때가 있다. 시에서 지원받으면서 하는 것도 아니고 오로지 순수하게 참석하는 사람들의 참가비로 강사님에게 강의비를 드린다. 차비라도 챙겨 드리고 싶어 무료 공간대여를 알아봤다. 적은 인원수에 적은 강사료인데도 저 멀리서 오는 강사님에게 늘 감사하다. 본인을 필요로 하는 사람들이 있는 곳이면 어디든 간다는 그분의 말씀에 나 또한 그런 강사가 되고 싶었다. 재능기부를 하며 사람들을 만나러 2년 동안 전국을 다녔다고 한다. "돈도 안 되는 이런 일을 왜 하는 거지?" 하고 스스로 질문을 던졌을 때 가슴이 해답을 줬다고. 오가는 기차 안에서 읽을 책 한 권과 노트북만 있으면 어디든 갈 수 있다면서 "심장이 뛰니깐요. 그것이 돈 보다 더 가치 있으니까요." 라고 웃으며 말하셨다.

그분의 말씀을 들으며 생각했다. 나눔의 비결이 가방에 든 책 한 권일 거라고. 방법과 행동이 다를 뿐 차고 넘치는 그것을 우리는 나누며 산다. 유리잔에 물을 계속 부으면 흘러넘치듯, 책도 읽으면 차게 되고, 넘치게 된다. 넘치는 것을 그냥 놔두지 말고 자기만의 방식대로 나눈다면 엄마 기부 천사가 될 것이다.

좋은 건 나눠야 한다. 욕심 부려 봤자 더 큰 욕심이 마음에 자리를 잡는다. 월급이 30만 원만 올라도 좋겠다고 말하다가 막상 오르면 20만 원이 더 올랐으면 한다. 우리가 당연하게 느끼는 것이 다른 이들에게는 행복일 수 있다. 혹시 내뱉었다가 듣는 이에게 희망과 용기를 줄 수도 있으니 일단 나눠보는 건 어떨까? 진정한 나눔을 옆에서 보는 아이들은 엄마의 삶을 응원할 것이다. 배고프면 밥을 먹듯이……. 얼른얼른 건네주고 전해줘라. 행복의 맛이라는데 맛 안 볼 것인가?

경험한 것, 배운 것, 그리고 '지금 여기'에 있는 행복을 뭔가의 형태로 직접 건네주고, 전하는 것. 그것이야말로 나이 든 사람의 사명이며, 나이 들어 맛보는 행복이 아닐까요? ― **기시미 이치로**, 《마흔에게》

행복
– 삶에 감사하기

사랑하는 우리 홍보라!

오늘은 부산을 다녀와서 소주 한잔했어. 일찍 못 와서 미안해. 육아를 혼자 하게 해서 미안해. 더 잘해주지 못해 미안해. 내가 더 사랑하지 못해 미안해. 지금, 내 삶의 목표가 있지만, 결과와 행동이 일치하지 못해 미안해. 보라야! 한 남자의 여자와 아내로, 아이들의 최고의 엄마로, 사회생활에 꽃필 여자로 열심히 살아줘서 고마워. 조금만 더 이해 부탁해. 아프지 말고 나보다 더 건강 검진 잘 받고 그래야 해. 여보! 사랑해(내가 더 많이…)

2018.11.16.

새벽에 일어나 식탁으로 향했다. 식탁 등을 켜고 노트북 전원을

켰다. 독서대 위 노란 종이에 담긴 신랑의 취중 진담. 갑작스러운 사랑 고백에 하염없이 눈물을 쏟으며 아침잠을 깼다. 술기운에 써 내려간 고백이 나를 사랑받는 행복한 여자로 만들어줬다.

"너를 만나 내 인생이 이렇다!", "없는 집에 시집와서 고생이다.", "독박육아 지존 만들어 줘서 고맙다.", "너 때문에! 이러고 산다." 입에 달고 살았던 말들. 지금은 입 밖으로 꺼내지 못한다. 안 꺼내고 싶다. 사실이 아니니까.

자존감이 낮고 어린아이들을 키우느라 나를 돌볼 시간이 없었다. 그때는 모든 것이 싫었다. 다들 나를 괴롭히는 것 같았다. 살기 위해 책을 읽었다. 작가의 말에 공감하며 내 생각을 적었다. 알고 보니 자책했던 삶들이 꽤 괜찮았다. 써 내려간 글에는 줄임표가 많았다. 당황스럽기도 했다. 당혹 속에서 행복을 느낄 수 있었다.

행복은 살그머니 왔다가 또 살그머니 사라진다. 얼마나 살그머니 왔다 갔다 하기에 눈치채지 못하는 걸까? 놓치는 행복을 잡고 싶었다. 책에서 감사일기라는 단어를 봤다. 일기는 일기지 감사일기라니 새롭다. 인터넷을 검색해서 감사일기와 관련된 책을 주문했다. 《한 줄의 기적》, 《감사일기》, 《쓰면 이루어지는 감사일기의 힘》 등 책을 읽으며 행복해지는 마법을 경험해보고 싶었다. 사랑과 감사가 담긴 짧은 문장들이 일상을 되돌아보게 했다. 특별할 것 없던 생활 속에 괜찮은 행복들이 있구나 싶었다.

사실 딱 거기까지였다. 3달간 감사일기를 쓰고 나니 더는 쓸 수 없었다. 쓸 때마다 불편했다. 진실하지 못했다. "감사합니다."란 말을 쓸 때 진심으로 감사한 건지, 쓰면 행복해지고 감사해진다니깐 쓰는 건지 알 수 없었다. 감정 기복이 심했기에 더 힘들었다. 감정선이 불안정한 상태에서 감사일기를 썼기 때문이었다. 그 후 감사일기는 감정 일기로 변했다. 내 감정을 먼저 정리하고 특별히 기억나는 3가지를 적었다. 감정 읽기로 하루를 되돌아보니 어떤 일이 있었는지 알 수 있었다. 감정 상태에 따라 행복한 것을 불행하게 보기도 했던 것이다.

감정을 정리하고 다스리다 보니 지내온 하루의 일상에 행복을 쉽게 찾을 수 있었다. 애쓰며 쓰지 않아도 되었다. 큰아이 하교 후 함께 핫도그에 케첩 듬뿍 발라 한입 베어 먹었던 일, 두 아이를 집에 두고 잠시 운동하러 가는 그 시간, 밤에 신랑과 먹는 맥주 한잔. 글로 쓰지 않았다면 몰랐을 행복들. 쓰니 감사하고 행복한 일이 많았다. 힘들고 기분 좋지 않았던 일들을 먼저 풀어놓고 썼기 때문에 감정에 충실할 수 있었다. 그 충실함이 일상의 행복을 찾아 주었다.

신앙은 없지만 '고통은 변장한 축복'이란 말을 좋아한다. 아니, 그러하다. 책을 읽으며 현재 일어나는 고민과 문제점을 잊고 싶었다. 읽어 내려가다 잠이 오면 잠을 잤다. 현실도피였다. 대학에 입학하고 선택한 과가 적성에 맞지 않아 출석 체크만 열심히 했다. 취업하려고 영어 학원에 다니고 자격증을 땄지만 싫증나면 그만뒀다. 취직 후 4년간 시집갈 돈을 모았다. 오래 연애한 남자가 있다는 이유로 결혼을 서둘렀다. 회사를 그만둘 때도 다른 이유가 없었다. 싫증났고 버티기 싫었다. 결혼이라는 새로운 삶을 선택을 했다. 누가 시키지 않았다. 스스로 선택하고 결정했다. 엄마가 됐다. 그때부터 내 마음대로 되지 않았다. 엄마는 그만두고 싶어도 그러지 못했다. 고귀한 생명을 먹고 입히고 재우면서 한 사람으로 잘 키워야 했다. 고통이 많았다. 축복과 행복 속 찾아오는 고통 말이다.

엄마가 돼서 느끼는 고통은 다른 사람이 해결해줄 수 없었다. 조언을 듣고 해결책을 얻지만 내 안에서 시작되지 않았기 때문에 뜻대로 되지 않았다. 책을 읽으며 내 안을 들여다봤다. 나를 봤다. "생각보다 괜찮은데?", "다들 그렇게 사는데?", "나보다 더한 이야기가 많잖아?" 책을 읽으며 다른 사람들의 삶을 엿보았다. 지하 방에 살면서 가정을 꾸리는 이야기, 홀로 아이를 키우는 엄마 이야기. 탓만 하던 내 현재 상황이 생각보다 나쁘지 않다는 것. 그토록 아파했던 일들이 어쩌면 괜찮은 일일 수 있다는 것. 우리가 느끼는 현재의 불만과 불행이 다른 이에게는 행복일 수 있다는 깨달음을 책으로 얻었다.

책을 읽다 정신이 번쩍 든 적이 있다. 에티오피아의 한 아이는 오염물질과 기생충이 뒤섞인 물을 먹고 있었다.

"물이 부족해서 아이가 저 물을 먹나요? 큰일 나요! 기생충이 득실거려요."

"네, 알아요. 이 물 먹으면 실명된다고 해요. 근데 오늘 안 먹으면 제 아이는 내일 죽어요."

그 순간 컵만 갖다 대면 물이 나오는 정수기가 보였다. 늘 먹다 남은 물은 싱크대에 버렸다. 한 번도 내일 죽을까 봐 겁나 본 적이 없었다. "내일 어떻게 보내지? 오늘처럼 애들이랑 지지고 볶고 답답한 하루를 보내겠지? 내일이 안 왔으면 좋겠다."라며 신세 한탄을 했다. 에티오피아 아이 이야기를 읽고 주위를 둘러봤다. 빼곡하게 채워져 있는 책장 속 책들, 아이가 가지고 논 여러 종류의 블록과 장난감, 식탁 위 씻어놓은 제철 과일을 보면서, 당연시하던 것들이 누군가에게는 큰 행복이고 감사함이 될 수 있겠구나 싶었다. 매일 쌀 걱정 없이 밥을 할 수 있는 내 상황이 감사했다. 익숙한 삶을 고통이라 여겼다. 고통이 변장한 축복인지 모르고 말이다.

고통이 지나가면 새로운 것들을 알게 된다. 책도 마찬가지다. 무심코 펼친 책 한 권의 프롤로그를 읽고 긍정 에너지를 얻으며 살아갈 수도 있다. 냉장고를 여니 시금치 무침이 보였다. 달걀부침을 했다. 큰아이가 태권도를 갈 시간이라 반찬 할 시간이 없었다. 양은냄비에 밥을 펴고 시금치 무침을 대접에 몽땅 넣었다. 참기름과 고추장을 넣고 달걀부침을 올렸다. 숟가락으로 골고루 비벘다. 고소한 참기름 냄새가 아이들을 한자리에 모이게 했다. 한 입 크게 먹었다.

"애들아 맛있지? 생각보다 맛있지 않니?"

"엄마, 진짜 맛있어요. 엄마가 하는 요리는 뭐든 다 맛있어요."

행복했다. 이 행복은 누가 결정했을까? 감정은 나 자신이 선택하는 것이다. 이렇게 쉬운 것을 우리는 잊고 산다. 나도 마찬가지다. 중독처럼 책을 읽는 이유 중 하나도 안도감을 얻고 싶기 때문이다. 안도감 속 행복. 행복의 기준은 나에게 있다.

다른 사람의 행복, 즉 45평 아파트, 외제 차, 명품 가방 등 사촌이 땅을 사면 배가 아프다는 것은 다른 사람에게 내 행복의 기준이 있기 때문이다. 20년 된 아파트지만 돌아가 쉴 집이 있고, 급한 일이 있을 때 아이를 봐줄 이웃이 있다. 건강하게 살아계시는 양쪽 부모님이 계신다. 이 행복은 내가 정한 행복 기준이다.

한때 '소확행'이란 말이 유행이었다. '소소하지만 확실한 행복'이란 의미다. 2018년 출판계의 키워드 역시 '소확행'이었다. 그중 사람들이 좋아하는 캐릭터 '푸'가 그려진 《곰돌이 푸, 행복한 일은 매일 있어》란 책을 읽었다. 눈앞에 보이는 현실만 보지 말고 더 먼 곳에 있는 행복을 보라고 일깨워주는 것 같았다. 행복 역시 이 순간에 느끼는 행복만 생각하니, 큰 행복이 보이지 않았다.

행복이 당신을 바라보고 있지 않은지 책을 잠시 내려놓고 주위를 둘러보자. 당신이 몰라봤기 때문에 안 보이는 것뿐 분명 당신을 바라보고 있을 것이다.

 Today's book

행복은 우리를 바라보고 있어요. 행복은 우리 눈앞에 있지만 그것을 깨닫는 사람은 그리 많지 않아요. 행복은 사람들이 자신을 발견해주기를 기다리고 있습니다. 그리고 그 행복은 우리 자신만이 찾아낼 수 있죠.

— **곰돌이 푸**, 《곰돌이 푸, 행복한 일은 매일 있어》

4장

독서와 삶

삶은 바꿀 순 없지만
삶의 태도는 바꿀 수 있다.
엄마인 당신이 스마트폰만 쥐고
있어서
아이를 보면 화가 나는 것이
아닐까.
아이를 바꾸려고 하지 말고
'나'를 먼저 바꾸자.

틀린 게 아니라
달랐던 엄마

갈수록 여름이 빨리 오고 늦게 간다. 봄옷을 살 필요가 없을 정도다. 스치는 바람이 시원하다. 오후 3시 어김없이 작은아이가 유치원 버스에서 콩콩거리며 내릴 준비를 했다. 엄마에게 가방을 건네며 차에서 내렸다. 한쪽 어깨에 가방을 걸치고 마트로 향하는 아이들을 따라나섰다. 동네 아이들에게 아이스크림을 사주고 다함께 놀이터에 가서 놀 예정이었다.

하얀 냉장고 문을 여니 촘촘히 줄을 선 아이스크림이 보였다. "너희 뭐 먹을래?" "조스바요", "쌍쌍바요.", "월드콘이요." 각자 먹고 싶은 것을 말했다. 친구들이 계산대에 아이스크림을 올려두는 동안 작은아이는 고르지 못하고 있었다. "아직 못 골랐어? 천천히 골라." 그 핑계로 내 것도 하나 골랐다. 아이를 기다리는 동안 눈에 자꾸 들어오는 '누가바'를 하나 고르고 아이를 쳐다봤다. 아이 손엔 거북알이 들려 있다.

"거북알은 먹기 불편해. 흘러내리기 쉬워."

내 말에도 아이는 끝까지 자기주장을 내세우며 계산대에 당당하게 거북알을 올려놓았다. '어쩜 저렇게 다들 하나같이 다른 걸 고를까?'

먹고 싶은 것을 선택할 때 우리는 틀린 게 아니라 다르다고 표현한다.

"난 우동 먹을 테니 넌 먹고 싶은 라면 먹어. 각자 다른 거 시켜서 나눠 먹자."

각자의 선택을 존중하며 다르다 한다. 남들과 다른 길을 가고 싶었다. 그러기 위해 딱 한 가지에 몰두했다. 무조건 반사적으로 식탁에 앉아 책을 읽었다. 혼자만의 시간을 가지며 내적 채움을 시작했다.

롭 비덜프의 《왜 나만 달라?》라는 동화책을 읽었다. 주인공은 강아지였다. 혼자만 달랐던 강아지는 어떤 계기로 용기와 자신감을 얻었다. 자신의 개성을 찾는 이야기였다. 다른 강아지들은 높이 나는데 이 강아지만 낮게 날았다. 축구를 할 때 다른 강아지들은 "어서 차."라 말하지만, 이 강아지는 "어서 던져."라고 말했다. 행동과 말 모두 달랐다. 다른 자신의 모습에 슬퍼하다 혼자만의 여행을 떠났다. 그러다 우연히 자기랑 비슷한 강아지가 많은 곳을 발견했다. 똑같은 강아지가 수백 마리였다. "이제는 외롭지 않아!" 그러다 그곳에서 혼자 반대로 행동하는, 튀는 강아지를 발견했다. "너를 이해해. 나도 한때는 그랬어."라고 주인공이 말했다. 이 말을 들은 튀는 강아지는 대답했다.

"아니야, 네가 잘못 알고 있는 거야. 나는 외톨이가 아니야. 튀는 게 좋은 거야. 자신감을 가지고 당당하게 말이야." 이 말을 들은 주인공 강아지는 무엇인가를 깨닫고, 다시 고향으로 돌아갔다. 돌아간 후, 지금 모습 그대로 살아간다.

틀린 게 아니라 달랐던 것뿐이다. 독서모임에서 함께 읽으며 각자의 생각을 이야기했다. 인생 책이라 할 만큼 《왜 나만 달라?》는 내게 큰 메시지를 줬다. 동네 엄마들, 고등학교 친구들과 어울리지 못하는 내 모습이 떠올랐다. 만날 때마다 학습지, 교구, 방문 과외 등 사교육에 관련된 이야기를 계속했다. 책을 읽기 전에는 가장 큰 목소리로 정보를 주는 사람이 나였다.

아이를 잘 키우는 게 좋은 엄마가 아니다. 엄마 자신이 잘 크는 게 좋은 엄마다. 그것을 책으로 배웠다. 친구들 모임 날에는 일찍 온 친구들끼리 내가 오기 전 사교육 이야기를 먼저 나누곤 했다. 친구들과 나는 다른 건데 그들은 '틀렸나?' 하고 미안한 마음이 들었다. 내가 있어도 편하게 이야기하라 했다.

강아지가 혼자 여행을 떠난 것처럼 비슷한 사람을 만나러 여기 저기 기웃거리기 시작했다. 독서 모임, 사교육걱정없는세상의 등

대 모임에 가서 가치관이 비슷한 사람들과 깊이 있는 이야기를 나누자 외롭지 않았다. 책을 읽으며 필사를 하고 내 생각을 적어 내려갔다. 남과 다르다며, 왜 그러냐며, 나 자신에게 실망하던 그 순간에 관련된 책을 읽고 생각을 정리했다.

사람의 생각, 개성, 성향은 다르다. 옆집 엄마나 남편, 자식, 친구들을 나에게 맞추려 하지 말자. 똑같지 않기에 세상은 살아갈 만하다. 강아지처럼 앞으로 더 자신감을 가지고 당당하게 튀는 사람으로 살아갈 것이다.

오늘 당신의 육아는 어땠나? 할 만했는지? 그럭저럭 괜찮았는지? 아니면 자기 전에 아이들에게 화를 냈는지? 기분이 별로인지? 사실 나는 오늘 육아가 할 만했고 그럭저럭 괜찮았는데 잠자리에서 두 남매에게 화를 냈다. 기분이 별로다. 남매들은 장난이 심하면 흥분을 한다. 흥분이 지나치면 꼭 사고가 나고 아이 하나가 다친다. 괜찮은 날도 있고 안 괜찮은 날도 있다. 오늘이 안 괜찮은 날이었다.

큰아이는 예민하다. 엄마의 말투, 표정 하나 신경 쓴다. 큰아이를 키울 때 내가 그랬기 때문에 당연했다. 첫 아이를 키우면서 아이의 얼굴, 말, 행동에 신경을 썼다. 해결해주려고 했다. 그 아이가 커서 12살이 됐다. 화를 내면 아이는 엄마 눈치를 봤다. 화가 누그러진 거 같으면 조심히 말을 걸었다.

"엄마 괜찮아요? 엄마가 화내면 가슴이 뛰어요. 또 갑자기 화낼까 봐."

감정에 예민한 아이였다. 불안함이 큰 아이였다. 이것을 알고 인정하기 위해 성향, 기질과 관련된 책들을 읽었다. 아직 미완성 인격체지만 아이가 궁금했다. 나에게 괜찮은 게 아이는 괜찮지 않았다. 그걸 틀렸다고 혼내고 화를 냈다.

"너 그렇게 불안해하고 걱정해서 어떻게 살아갈래?"

주눅 드는 말만 골라 했다. 책을 읽으며 내면을 들여다보기 시작하면서 그런 말들이 조심스러워졌다. 평소 친하게 지내는 선생님이 '에니어그램' 모임을 하고 계셨다. 아홉 가지 성격 유형으로 사람의 성격과 기질을 파악해보는 모임이었다. 선생님은 《에니어그램의 지혜》라는 책을 추천해주셨다. 크고 있는 아이의 성격은 언제든지 변할 거지만 아이를 이해하고 싶었다.

1번부터 9번까지의 유형을 공부했다. 책을 읽으며 아이를 떠올렸다. 이해하고 싶었고, 더 많은 상처를 주고 싶지 않았다. 에니어그램의 검사지가 있지만 크고 있는 아이에게 검사지는 의미가 없었다. 엄마인 내가 아는 선에서 9가지 유형 중 어떤 유형이 가장 근접한 지 유추해냈다. 큰아이는 6번 유형, 항상 자신의 불안을 의식하고 있고 불안을 막을 수 있는 안정을 추구하는 사람이었다.

작은아이보다 더 상처받고 오래 힘들어하는 아이를 볼 때마다 답답했던 마음이 떠올랐다. 고대 전통에서 시작해 현대 심리학으로 연결된 이 이론을 무조건 믿진 않지만, 책을 읽으면서 아이를 이해할 수 있었다. 6번 유형은 자신의 불안에 직면하는 방법을 배우면, 세상은 항상 변하며 본질적으로 불확실하다는 사실을 이해할 수 있단다. 밑줄을 그었다. 할 수 있는 부분이었다. 깨달음을 얻고 행동으로 옮겼다. 불안해하는 아이에게 걱정과 동시에 조언하는 대신 책에서 알려준 대로 불안을 직면하게 놔뒀다.

"엄마, 동생이 놀이터에 안 보이면 걱정돼요."

책을 읽기 전이었으면 "저기서 놀고 있으니 걱정하지 말고 놀아!" 하며 아이의 불안한 감정을 무시해버렸을 것이다. 이제는 아이의 불안을 인정하고 스스로 직면하게 한다.

"걱정스럽지? 엄마도 안 보이면 걱정돼. 둘러보니깐 저기서 놀고 있네. 놀다가 안 보이면 또 이야기해줘."

아이의 걱정을 직면하고 받아들이고 인정해줬다. 걱정하는 일은 잘 일어나지 않는다는 것을 경험하게 했다. 틀린 게 아니라 다르다는 메시지를 심어주니 아이는 차분해졌고 용기 있게 행동했다.

책은 정답을 가르쳐주진 않는다. 어떻게 해야 하고 받아들여야 하는지를 강요하지 않는다. 책은 본인만의 답을 스스로 알 수 있게 한다. 분노 조절상담사 수업시간에 강사님이 동그라미를 크게 그려놓고 학생들에게 물었다.

"이 원을 보면 무엇이 떠오르세요?"

호빵, 동전, 쿠션, 원주율 등 대답이 저마다 달랐다.

"사람의 욕구에 따라 의미가 달라집니다. 동그라미를 보고 각자의 의미대로 해석하는 거죠."

문득 이런 생각이 들었다. 호빵이라 대답한 사람은 배가 고픈가? 원주율이라 말한 사람은 수학을 평소에도 좋아하나? 각자의 생각을 말하는 동안 누구도 틀렸다고 말하지 않았다.

우리는 어떤 욕구가 강한 사람인지, 어떤 인생관을 가진 사람인지 책으로 공부하다 보면 알게 된다. 욕구와 인생관은 살면서 변할 수 있다. 변화의 흐름을 인식할 수 있게 만들어주는 게 '책'이다. 책을 읽으며 생각을 정리하고 나와 비슷한 사람들을 만나서 하고 싶은 말을 하니까 이제 좀 괜찮은 것 같다. 그 과정에서 나를 만나기 때문에 괜찮다.

 Today's book

다른 사람들의 생활이 신경 쓰여 못 견디겠다면 자신의 삶이 붕 떠 있다는 뜻이다. 스스로에게 자신감이 있고 나름대로 만족스러운 삶을 보내고 있다면, 다른 사람들의 삶에 대해 이러니저러니 하는 마음은 들지 않을 것이기 때문이다. 자신을 살아야 한다. 자기 나름의 삶을 살아야 한다. 자신이 하고 싶은 것을 하면서 살아야 한다. 그래야 자기다움으로 가득 찬 인생이 된다.
— **사라토리 하루히코**, 《고양이는 내게 나답게 살라고 말했다》

책으로
자존감을 키웠다

"홍 작가님은 자존감이 높으셔서 좋겠어요."

"그렇게 보이세요?"

"항상 열정 가득하고 활력이 넘치니 자존감이 높을 것 같아요."

"아니에요. 저도 늘 좋았다 나빴다 해요. 그것을 다스리는데 책만큼 좋은 게 없더군요. 평균을 유지하기 위해, 책 읽기로 저를 다스리거든요."

상담사는 내면이 건강할 것 같고, 의사는 암에 걸리지 않을 것 같다. 나를 보는 타인들도 내 자존감이 높다고 단정 지으며 부러워한다.

현재 나는 사람들의 자존감을 높여주기 위해 여러 가지 프로그램과 모임을 이끌고 있다. 나 역시 나 자신의 자존감을 신경 쓰지 않은 상태로 다른 사람들을 도와줄 수 없었다. 중심이 선 자존감은 어떤 걸까? 자존감 상태가 항상 높지 않고, 항상 낮지 않은 평균 상태다. 파도와 같다. 잔잔했다가 거세게 휘몰아치기도 한다.

파도의 세기에 가장 큰 영향을 주는 것은 무엇일까? 바로 '바람'이다. 바람의 세기와 상태에 따라 파도가 달라진다. 파도를 다스릴 수 있는 것, 자존감을 다스릴 수 있는 것이 책이다. 매 순간 내 감정이 어떤지, 상태가 어떤지 탐색한다. 스스로 자신을 존중하거나 사랑하는 마음, 감정과 몸 상태까지 자존감에 넣고 싶다.

결혼 후 바로 엄마가 됐다. 아이를 건강히 키우기 위해 집에서 나오질 않았다. 네모난 집 안에서 매일 지지고 볶으며 육아 전쟁을 했다. 아이를 키우다 힘들 때면 온라인 사람들에게 의지했다. 어느 날 거울에 비친 내 모습을 자세히 들여다봤다. 불어난 살과 함께 자존감은 땅을 쳤다.

"그래, 그래. 어쩔 수 없잖아. 다 그렇게 살 거야. 애들 두고 나갈 수 있어?"

나이가 한 살 더 늘어나는 만큼, 자존감도 성장하고 싶었다. 우리는 누워만 있던 아이를 걷고 뛸 수 있게 키웠다. 성장하고 싶었다. 내면 성장을 원했다. 배움이 없으니 자존감이 낮았다. 엄마가 되고 배움이 멈췄다. 온라인으로 여러 강의를 챙겨 보았다. 듣고 들을수록 뭔가를 배우고 공부해야겠다는 생각이 들었다. 전문 지식보다 인생 공부를 하고 싶었다. 책을 눈으로만 보지 않았다. 줄을 쳐가며 노트에 요점을 정리하며 내 생각까지 적어 내려갔다.

출판 연도까지 꿰고 있을 만큼 책 한 권을 작은 글씨까지 읽었다. 책을 읽으며 내 안의 씨앗에 물도 주고 빛도 비춰 줬다. 1년이 지나고 3년쯤 되었을 때, 씨앗은 싹을 피웠고, 작지만 튼튼한 나무가 되었다. 책 공부를 시작하면서 삶에 에너지가 생겼다. 자존감이 높아진 것이 그 결과다. 나보다 가족들이 먼저 알아챘다. 건강한 대화를 나누며 서로를 배려하는 시간이 많아졌다.

어쩌면 책을 읽은 후 가장 큰 변화가 '자존감 성장'일 것이다. 별거 아닌 것에 상처받고, 다른 사람이 나를 싫어할까 봐 걱정했다. 여전히 불안과 두려움의 감정이 찾아온다. 그때는 의식하고 인정하면서 받아들인다. 오늘따라 감정 기복이 심하거나 몸이 자주 아프다는 생각이 들면 '또 왔구나. 자존감이 낮아졌구나!' 하고 의심한다.

책을 읽으면서 변화된 게 있다. 자책을 오래 하지 않는 것이다. 머리 위에 20톤짜리 우울이가 앉아 있는 것 같아서 도서관에 갔다. 서정적 그림이나 캐릭터가 그려져 있고 따뜻한 문장들이 짧게 적힌 책 세 권을 골랐다. 침대에 누워 책을 읽었다. 고요함 속에서 나와 만나는 시간을 충분히 가졌다. 목에 담 걸리기 직전쯤 일어나 또 한 번 내게 물었다.

"지금은 기분이 어때?"

"아까보단 좀 나아진 것 같아."

자존감은 본인 스스로 자신에게 관심을 가지고. 그 관심 속에서 본인을 있는 그대로 인정해주는 것이다. 인정이 자존감을 성장시킨다. 관심을 가지고 인정할 수 있는 길을 제공하는 것이 책이다. 마음 상태와 현재 자신에게 맞는 책을 골라 스스로 자존감을 높여주는 방법이 내겐 맞았다. 올 것이 왔구나 싶을 때, 의례 행사처럼 책을 폈다. 그런 행동을 하다 보니 다른 사람 눈에 자존감이 높고 활력이 넘쳐 보였나 보다.

예전에는 학교에서 1등을 하지 않아도, 우물에서 물고기를 맨손으로 잡기만 해도, 자존감이 올라갔다. 지금은 학원을 가거나 과외를 받으면서까지 자존감을 성장시킨다. 경험의 의미가 달라진 시대다.

엄마들은 육아나 가족들을 대하는 자신의 모습을 보며 '아, 좀 변한 것 같은데?' 하고 느낀다. 내가 이렇게 말하면 책 몇 권 읽으면 되는 거냐 묻는다. 최소한 6개월간 매일 15분이라도 책을 본다면 가능하다.

'여학생 – 소녀 – 여자 – 사회인 – 아내 – 엄마'로 역할이 변화했다. 다시 사회인으로 돌아가지 못하고 엄마에 계속 머물러 있었다. 성장을 못 하게 되면서 자존감도 낮아지는 것이다. 성장하고 싶은 마음이 있다면 희망의 씨앗은 이미 당신의 마음에 피어 있다.

책을 읽으며 고등학교 때 자존감이 확 꺾였다는 것을 알게 됐다. 수학 연산력을 키워 수학을 잘했고, 책을 한 번도 읽지 않았기에 당연히 이과를 선택했다. 이과 수학은 연산으로 해결되지 않았다. 그때부터 공부에 대한 자신감이 떨어졌다. 엄마가 되고 살기 위해 책을 읽다 보니 "책을 읽어야 한다."라는 말을 왜 하는지 알 수 있었다. 지적으로 보이기 위해, 똑똑해지기 위해서가 아니다. 나 자신을 찾고 자존감을 높이면서 나답게 살기 위해 책을 읽어야 했다.

자존감이 낮았을 때 나에게 쓴 편지다. 치유의 힘이 있다기에 펜을 들고 편지를 썼다.

내가 나에게

안녕? 그동안 잘 지냈지? 내가 나에게 편지를 쓸려니 어색하다. 잘 지내니? 요즘 기분은 어때? 좀 좋아졌어? 그동안 엄마로서, 한 사람으로서, 살기 힘들 때마다 힘내줘서 고마웠어. 혼자 아이 보느라 힘들었지? 네가 낳은 두 아이, 예쁜 보물들을 끝까지 잘 돌봐줬으면 좋겠어. 항상 응원할게. 힘내고 우리 꼭 성공하자. 성공하기 위해 성장에 분발하자!

책을 읽고 자존감이 높아졌을 때 또다시 나에게 편지를 썼다.

보라야 안녕? 잘 지냈어? 오늘은 기분이 어떠니? 아침에 눈 떴을 때 피곤해서 상쾌하지 않았지? 기분이 가라앉는 것 같아. 먼저 사과하고 싶어. 내가 너에게 가장 먼저 사과해야 할 것 같아. 열심히 하라고 해서 미안해. 힘든데 이겨내라고 해서 미안해. 엄마로서 최선을 다하라 해서 미안해. 쉬고 싶은데 더 열심히 노력하자 해서 미안해. 다른 사람한테는 친절하면서 너에게 불친절해서 미안해. 너의 안부를 물었지만, 진심으로 공감해주지 못해 미안해.

'나'를 위한 것이 무엇인지 책을 읽으면서 알게 됐다. 보이지 않는 미래의 내 모습을 상상하며 자존감을 성장시키기 위해 노력했다. 그 끝에 서서 만세 하며 행복할 것을 상상했다. 튼튼하게 키운 나무가 썩어 병들지 않도록, 진정한 성장을 해야 한다는 것을 책은 말없이 알려줬다.

 Today's book

내가 가장 싫었던 날은 사실 내가 가장 잘하고 싶었던 날입니다. 마음처럼 잘 안돼 내가 싫은 것입니다. 미워하지 마세요. 오늘 누구보다 가장 잘하고 싶었던 마음이 담긴 나의 날을.

— **글배우,**《오늘처럼 내가 싫었던 날은 없다》

책은 나 자신과
겨루지 않게 한다

책을 읽으며 나 자신을 다스린다. 우린 행복과 슬픔 등 계속되는 감정 변화를 겪으며 살아간다. 10초 전엔 행복했더라도, 갑자기 불안할 수 있다. 잘난 사람, 출세한 사람, 성공한 사람 다 똑같다. 만약 지금의 자신에게 만족하지 못할 때 당신은 과거를 되돌아보는가? 아니면 미래를 상상하는가? 개인적 경험에 의하면 난 항상 과거를 되돌아봤다. 20대 찍은 사진들을 들춰보며 과거를 그리워했다.

개인적 활동을 시작한 후 SNS를 했다. 수업 홍보물이나 강의 후기를 올리며 나와 나의 일을 알렸다. 책이 삶에 내려앉기 전에는 타인의 눈을 의식했다. 다른 이들이 나를 부러워할 때 더 행복했다. "나 오늘 여기 갔다 왔어요.", "제가 이렇게 강의를 해요.", "강의평가서 보세요." 등 보여주기식 글을 많이 썼다. 이웃들은 뭐하고 지내나 싶어 파도타기를 시작했다. 비슷한 시기에 책을 내고 강의를 시작한 이웃의 활동을 보고 하트를 누르려는 순간, 감정의 변화를 인지했다. 부러움 감정이 들었다. 나와 다른 사람을 비교하며 나 자신을 채찍질했다. 자기 성찰은 죽을 때까지 하는 것이라더니 그 말이 딱 맞았다.

감정의 변화가 잦고 자기 불안이 높았다. '불안'이라는 단어는 부정적인 감정이라 생각했다. 책을 읽으면서 불안이 긍정적일 수 있다는 것을 알게 됐다. 타인과의 비교에서 오는 불안은 결국엔 내가 나와의 싸움에서 지고 있다는 뜻이다. 그 신호를 외면했을 때 나 자신을 자책하고 비하하며 힘들어했다. 이제는 '불안하구나!' 하고 인정해버린다.

《심리학, 자존감을 부탁해》의 저자 슈테파니 슈탈은 이젠 자신과 싸우는 일은 그만두자 말한다. 마음 놓고 불안해하고 '그래, 내가 지금 이렇구나.' 하고 받아들이며 불안을 연습해야 한다는 것이다. 개인적으로 도움이 됐다. 인정 효과가 통하지 않을 땐 "그만! 그만!"을 외치며 생각을 멈췄다. 입으로 내뱉었다. 내 귀가 듣고 알아차리게끔. 파랑새는 늘 옆에 있었다. 날아가려던 파랑새는 그만이라는 단어를 듣고 다시 옆으로 왔다.

'독서 경영'이란 단어만 들어도 인생이 척척 잘 풀릴 것 같다. 나 자신을 경영하기 위해 책만큼 좋은 게 없다. 100% 공감한다. 경험상 여기서 중요한 한 가지가 바로 '나와의 건강한 벽 만들기'다.

토요일이었다. 큰아이는 친구네 집에 놀러 갔다. 작은아이는 누나가 오기만을 기다렸다. 엄마랑 노는 것보다 누나랑 노는 게 훨씬 재미있단다. 장난이 싸움으로 번지는 게 일상이지만, 누나가 좋긴 한가 보다. 작은아이는 집에 가고 있다는 누나의 전화에 갑자기 분주해지기 시작했다. 오면 같이 할 보드게임을 골랐다. 집에 온 큰아이는 손을 씻고 자기 방으로 들어갔다. 작은아이는 누나 뒤만 졸졸 쫓아다녔다. 관심을 주지 않는 누나의 시선을 끌기 위해 움직임이 커졌다. 큰아이 방을 빙빙 돌았다. 아끼던 인형이 바닥에 떨어졌다. "나가!"라는 큰아이의 목소리가 들리고 작은아이가 방에서 쫓겨나왔다. 식탁에 앉아 있던 나는 아이를 쳐다봤다. 서운함에 속상한 얼굴이었다.

"누나랑 놀고 싶은데 안 놀아줘?"

"응. 누나랑 게임하고 싶었는데 나가래."

"그랬구나. 말을 안 하고 빙빙 돌기만 하니깐 누나가 몰랐던 것 같아. 누나 나오면 다시 말해보자."

아이의 서글픔 감정을 인정해줬다. 공감해주면서 아이에게 도움이 되고 싶었다. 이런 경우 공감의 힘으로, 다른 사람의 감정을 변화시킬 수 있다.

혼자 SNS 파도타기를 하다 감정 변화가 왔을 때 어떻게 할까? 신랑을 깨울 수도 없고 말이 통하는 사람을 만나러 나갈 수 없다면? '나와의 건강한 벽 만들기'를 하면 된다. 원하는 자기 상태와 불편한 현재 나 사이에 튼튼한 벽을 만드는 것이다. 벽은 감정들에 문을 열어준다. 문을 여는 것은 자신을 인식하고 인정했다는 것이다. 쉽게 흔들리지 않게 두꺼운 벽을 세워놓는다. 책 100권 읽기, 꿈 찾기, 살 빼기 등 모든 것들이 경쟁이다. 특히 아이를 잘 키우기 위한 경쟁, 그 경쟁의 최고 희생자는 아이와 엄마였다. 내가 나를 억압하고 멈추지 않고 달리는 치타처럼 앞만 보고 달리고 있었다는 것을 엄마 경력 7년이 지난 후에야 알게 됐다.

꿈을 찾고, 할 수 있는 일이 많아지면서 몸보다 마음이 바빴다. 강의와 프로그램 개발, 수업, 모임 등 하는 일이 많아졌다. 바빠지면서 내가 할 수 있는 일의 우선순위를 재정립하기 시작했다. 2년간 열심히 하던 복싱을 잠깐 쉬기로 했다. 운동하지 않았더니 금방 몸에 신호가 왔다. 2시간씩 서서 강의를 하고 운전을 장시간 하다 보니 몸이 붓기 시작했다. 땅땅한 발등과 다리, 개운하지 않은 몸. 왜 이렇게 바쁘게 살지? 전업주부인가? 워킹맘인가? 내 직업은 무엇일까? 아이들에게 엄마는 집에 있는 사람이다.

늦잠을 잔 작은아이가 유치원을 하루 쉬고 싶다 했다. 엄마들을 위해 만든 독서 모임을 진행하러 가는 날인데, 고민했다. 데리고 갈까 다른 분께 진행을 부탁할까? 결국, 아이에게 모임에 가야하니 다른 날 데이트를 하자 약속했다. 아이가 대뜸 "엄마는 하고 싶은 거 다 해서 좋겠다."라고 말했다. 책을 읽고 꿈까지 찾게 됐다. 정말 하고 싶은 대로 하고 있단 생각이 들어 반박하지 못했다.

나를 이기고 승리하는 게 성장이고, 성공의 지름길이라 생각했다. 바쁘게 살면 잡생각이 나지 않을 줄 알았다. 처음부터 워킹맘이 아니었던 나는 이것도 저것도 아닌 내 삶이 못마땅했다. 내면의 건강한 벽이 무너지기 직전, 온종일 도서관에 갔다.

주변 사람들은 나를 보며 부지런하다고 말한다. 내 안의 감정들이 부지런한 게 아니라 분주한 거라고 알려준다. 이제는 내가 성취감이 큰 여자고 경쟁심도 굉장하다는 것을 안다. 나는 성취감에 목마른 사람이다. 어릴 적 결핍이 나를 동굴 속 끝까지 밀어 넣었다.

모든 삶의 순리는 시간이 지나야 무르익는다는 말처럼 순서가 있었다. 그걸 견디지 못해 나 자신을 자책했다. '자책 – 불안 – 두려움 – 자책 – 불안 – 두려움'의 반복 속에서 제자리로 돌아올 방법은 독서밖에 없었다. 책을 들여다보며 '그래, 내가 지금 이렇구나.' 하고 가볍게 받아들이는 연습을 했다.

 Today's book

속절없이 당했던 '나'와 화해하고, 이 사람들이 나를 망치면 어떻게 하지 했던 '나'와도 화해해야 합니다. 자신을 형편없이 생각했던 '나'와 화해하고, 자신을 비난했던 '나'와 화해하고, 자신의 나쁜 면에 진저리를 쳤던 '나'와 화해해야 합니다. '나' 자신을 세상의 가장 초라하고 작은 존재라고 여겼던, 그래서 '나'는 어떤 것도 가질 수 없고 아무것도 할 수 없다고 느꼈던 '나'와 화해해야 합니다.
— **오은영**, 《오은영의 화해》

아이에 대한
커다란 믿음

나 자신이 불안한 존재라 생각하며 살았다. 불완전한 존재임이 당연한데, 잘못됐다 생각했다. 다른 이들보다 육아에 대한 스트레스가 컸다. 엄마가 된 후 불안을 이겨내기 위해 애썼다. 조리원을 퇴소하던 날, 유명한 교구 회사 제품을 200만 원 어치 샀다. 거실 진열장에 줄줄이 나열해놓고 아이가 가지고 놀 날을 상상했다.

아이가 돌이 될 때쯤, 1달에 한 질의 전집을 샀다. 하루 30권 이상의 책들을 읽어 주었다. 매일 독서 노트에 제목을 옮겨 적었다. 돌이 지나고 나선 TV 시청을 제안하고 오로지 영어방송만 아이에게 보여줬다. 왜 영어방송만 봐야 하는지 모른 채로 아이는 엄마의 요구를 수긍했다. 자아가 형성되기 전에는 엄마의 말이 잘 통했던 것 같다.

한글 학습지도 제대로 해본 적 없이 책으로 한글을 깨우치고 학교에 입학했다. 웃기지만 공교육에 들어가기 전까진 아이가 특출난 지 알았다. 학교 선생님 눈에는 평균 점수 이하를 받는 아이, 엄마가 조금만 더 신경 쓰면 잘할 수 있는 아이였다. 상담을 갔다 올 때마다, 흔들리고 불안했다. 내가 했던 것이 무슨 의미가 있을까? 맞는 것일까? 학교에 잘 적응하는 아이를 응원해줬다. 공부 밑에 가려진 아이의 인성과 성품이 보이기 시작했다.

이상과 현실의 차이는 컸다. 차이를 줄이면서 아이를 키우는 게 힘들었다. 어릴 적 진지하게 내 인생을 고민해보지 않았다. 불안을 이겨낸 적도, 정면 돌파한 적도 별로 없었다. 싫증이 나면 포기했고 두려우면 도망갔다. 아이가 커서 나처럼 살까 봐 걱정됐다. 아이는 나와 다르게 살길 바랐다. 육아 우울증에서 벗어나기 위해 책을 읽었다. 책을 읽으며 '사회적으로 만들어진 나'가 아닌 '원래의 나'를 찾아가는 여행을 했다.

놀이터에서 노는 아이들을 기다리며 이웃집 엄마와 담소를 나눴다. 그 엄마는 큰아이가 중학생인데 매일 게임방에 가고 친구들과 어울려 논다고 하소연을 했다. 자기 집안에 의사가 없단다. 아이가 의대에 가길 원했다. 아이가 얼른 정신 차렸으면 좋겠다며 큰 한숨을 쉬었다. 그 엄마의 이야기를 들으니 책에서 본 한 구절이 떠올랐다.

"내가 가보지도 않은 길, 무슨 근거로 다른 이에게 강요하느냐?"

의사로 살아보지 않았으면서 아이에게 의사가 되라고 한다. 그 삶은 성공, 명예, 권력을 얻어 편하게 산다 생각하면서. 직접 살아보지도, 경험하지 않았으면서 왜 아이들에게 되라고 하는지 한 번쯤 생각해봤으면 좋겠다. 자기 주도적으로, 내적 동기를 가지고 잘살고 있는지 엄마부터 스스로를 되돌아봐야 한다. 그다음에 아이에게 조언해줘야 하지 않을까.

온라인 게임을 즐겨 하진 않는다. 《공부공부》를 쓴 엄기호 저자의 강연을 들으면서 부모가 어쩌면 가속 아이템일 수 있겠단 생각이 들었다. 게임을 하다 죽기 전이나 공격, 방어할 때 아이템을 쓴다. 그 아이템은 레벨이 올라감에 따라 얻을 수 있다. 레벨을 올리기 위해서 많은 시간을 투자해야 한다. 이 시간을 참아내지 못하면 돈으로 아이템을 살 수밖에 없다. 부모가 아이에게 아이템을 줄 수도 있다.

아이가 교육적으로 뒤처질까 봐, 영유아 시절부터 학습지를 시킨다. 수학적 사고력을 높이기 위해 교구 수업을 신청한다. 아이템이 무수히 많아서 고민할 필요가 없다. 아이 스스로 할 수 있는 때를 기다릴 수 없기에, 아이 수준을 높이기 위해 빛을 내서라도 사교육을 시킨다. 돈 앞에 난 소심해진다. 돈이 많았다면 나 또한 아이템이 되었을 수도 있으므로 다행이다 싶다.

아이를 믿기로 해놓곤 하는 짓을 보면 울화통이 터졌다. 분노 게이지가 상승했다. 특출하게 공부 재능을 가진 아이라 믿고 그렇게 만들기 위해 노력했다. 다른 아이보다 빠르다고 안심했다. 영유아 시절의 빠름은 공교육에 입학하면서부터 느린 아이로 보이기 시작했다.

아이를 믿고 기다려주기 위해 책을 읽었다. 아이템을 쓸까 봐 초점을 나 자신에게 맞췄다. 읽을 책이 많아졌다. 자기 주도적인 동기가 내면에서 솟구쳤다. 학창시절보다 서른 중반쯤 가장 열심히 공부했다. '나를 찾아가는 여행' 도중 하고 싶은 일을 찾고, 꿈을 이루기 위해 노력했다. 현재의 나를 보니, 아이 때문에 불안하지 않았다. 이 나이에 공부하고, 하고 싶은 일을 찾았는데 저 아이라고 못할까? 설탕 가루였던 것이 기계에 들어가면 커다란 솜사탕이 되는 것처럼 책을 읽으면 읽을수록 아이에 대한 믿음이 커졌다.

내 공부하고 내 인생 살다 보니 큰아이가 초등 고학년이 됐다. 공부며 외모에 관심이 없던 아이는 자기애가 생기면서 자기를 만들어 갔다. 공부, 외모, 성격 등 타인과의 비교 속에서 자신을 만들어 가기도 한다. 공부에 대해 고민하는 모습도 보였다. 공부방, 학원에 다니는 친구들을 보며 자기는 참 행복한 아이라 말했다. 하교 후 여유롭게 시간을 보내기에, 공부는 적당히만 하면 된다고 자신 있게 말했다. 그거면 됐다. 이렇게 말할 수 있다는 것만으로 충분했다.

믿어주고 기다려줬다. 내려놓음이란 시간을 보낸 후 아이는 조금씩 스스로 계획하고 실천하는 모습을 보였다. 넉넉한 시간 덕에 충분히 쉬다 집중해서 공부하는 모습, 피곤하다며 내일 더 공부하겠단 말에 스스로 책임지는 모습을 보게 됐다. 이젠 식탁에 앉아 난 내 공부를 한다. 어느 날 아이가 "오늘은 그냥 쉬고, 내일 공부할게요."라고 말했고 나는 아이를 믿어줬다. 매번 주체적으로, 자기 주도적인 모습을 보여주진 않지만 아이는 엄마의 믿음을 배신하지 않았다.

김장 날이었다. 똥파리가 절여 놓은 배추 주위를 빙빙 돌고 있었다. 작은아이가 파리채를 들고 연신 파리를 잡고 다녔다.

"파리채도 더러울 것 같아. 파리 잡겠다고 배추 때리면 배추도 다시 씻어야 해."

내 말을 들은 아이는 파리채를 놓고 맨손으로 파리를 잡기 시작했다. 눈 깜짝할 사이에 탁 소리와 함께 아이 손바닥에 죽은 파리가 붙어 있었다. 딸을 키우다 아들을 키워서일까? 파리도 맨손으로 잡는 아이의 에너지가 놀라웠다.

학교 다니며 배운 인수분해, 피타고라스 정의 등 일상생활 중 그 지식들과 연관된 경험은 드물었다. 더하기, 빼기, 곱하기, 나누기만 하면 먹고산다는 말이 나 같은 사람에겐 딱 맞는 말이다. 수능을 망쳤을 때, 전공학과를 잘못 선택했을 때, 적성에 맞지 않는 일로 돈을 벌 때, 엄마가 되고 힘들어할 때, 수학 공식보다 매 순간 느끼는 감정과 내면의 상태를 이겨낼 힘이 더 필요했다. 책으로 얻은 간접 경험이 더 도움이 됐다.

내가 하는 일은 사람들의 자존감 성장을 돕는 것이다. 소중한 내 아이의 자존감 역시 관심을 줘야겠다 생각했다. 가족부터 챙겨야 싶었다. 서점 데이트를 하면서 각자 읽을 책들을 골랐다. 어린이 도서 코너에《어린이를 위한 자존감 수업》이라는 책이 눈에 들어왔다. 윤홍균 저자의《자존감 수업》을 읽었기에 이 책 역시 같은 저자가 쓴 책인가 싶어 책장을 넘겼다. 다른 저자가 쓴 책이었다.

아이들의 수준에 맞게 나를 있는 그대로 사랑하기, 나를 격려하기, 위로하기 등 자존감과 관련된 주제로 분류되어 있고 본인의 생각을 적게 되어 있었다. 이 책을 보고 이거다 싶었다. 분수도 중요하지만, 자존감도 중요하다고 말해줬다. 평소에 자존감이 참 중요하다는 걸 자주 이야기한 편이라 아이는 거부감 없이 읽고 쓰기를 했다. 자기가 쓴 생각들을 들고나와 읽어줬다. 잘 알고 있다고 생각한 아이, 아이가 적어놓은 이야기에 내가 모르는 게 참 많았다.

친한 친구와 같은 반이 안 된 상태였고, 불안한 마음과 혹시나 이변이 일어날까 하는 설렘을 가지고 있었다. '그래, 지금 네 마음이 그렇구나.' 하고 아이의 고민을 들어주고 속상함을 어루만져 줄 수 있는 시간이었다.

아이에 대한 커다란 믿음을 가지려면 책을 읽고 엄마 본인에 대한 믿음부터 만들어야 한다. 스스로 자신을 믿고, 다른 이들을 믿어줘야 옳다. 순서가 뒤바뀌면 결국엔 죽도 밥도 안 되는 것이다. 엄마의 성장으로 아이가 편안하게 머물다 갈 수 있게 따뜻한 울타리가 되어주어야 한다. 엄마의 성장에 책이 스며들기를, 아이의 믿음이 커지는 마법을 느껴보길 바란다.

 Today's book

내가 낳은 아이들은 내가 이루지 못한 꿈을 대신 이루어 주는 존재가 아니다. 독립적으로 스스로 커가는 존재이며 그 아이들을 위해 엄마인 우리는 따뜻한 울타리가 되어야 한다. 그 울타리를 열고 나아 갈 수 있게!

— **홍보라**, 《엄마, 세상 밖으로 나가다》

잡념이
사유로

어제는 남편 월급날이었다. 자동이체가 눈 깜짝할 새 이루어졌다. 맨 앞자리 숫자가 점점 작아졌다. 그 숫자와 함께 쏨쏨이도, 마음의 안정도 작아졌다. 이번 달에는 자동차 보험도 새로 넣어야 한다. 연말이라 가족 행사도 많다. 한 달간 생활비가 적어도 60만 원은 있어야 하는데 큰일이다. 보험료는 3개월 무이자로 끊자. 급한 데로 두 아이 통장에서 30만 원씩 가져다 써야겠다. 사교육도 안 시키는데 돈이 어디로 새는지······.

당장 아르바이트라도 하러 가야 하는 걸까? 남들처럼 분양받아 이사 갈 수 있을까? 비 오는 날 지하에 주차하고 우산 없이 집으로 들어가는 날이 올까? 신도시로 다들 이사를 한다. 아이 학교는 학년당 두세 개 반밖에 없다. 이사를 해야 하나? 학교가 없어지면 어쩌나 싶다. 남편이 적게 벌어다 주는 것도 아닌데 늘 마이너스다. 경제적 불안감은 굉장한 스트레스다. 커가는 아이들, 성장하며 공부하는 나, 일복 많은 신랑. 이러다 노후에 자식에게 빌붙어 사는 빈대가 되면 어떡하지? 아파도 병원도 못 가는 신세가 되면 어떡하지?

통장에 여윳돈이 없을 때마다 이런저런 생각으로 머릿속이 시끄럽다. 이런 것들을 우린 '잡념'이라 한다. 어떤 이들은 잡념을 없애기 위해 명상을 하거나 운동을 한다. 나에게 가장 잘 맞는 방법은 책 읽기였다. 잡념은 책에 몰입하는 순간 가라앉기 시작했다. 집중이라는 것이 인터넷 검색이나 맛있는 음식을 먹을 때만 하는 줄 알았다.

책에 몰입하다 보니 잡스러운 생각들을 잠시나마 잊을 수 있었다. 내 마음과 일치하는 문구를 종이에 옮겨 썼다. 그 문장에 어떤 울림과 감동이 있는지 적다 보면 금방 전에 걱정했던 것들이 생각나지 않았다. 일상에 책 읽는 시간을 많이 가질수록 효과는 컸다.

잡념이 해결되진 않았지만 깊이 빠지지 않았다. 습관이 바뀌다 보니 잡념 거리가 줄어들었다. 어떻게 보면 잡념이 꼭 나쁜 생각은 아니었다. 경제 상황을 점검하고 현재를 직시할 수도 있다. 생각의 변화는 사유를 가능하게 했다. 잡념(雜念)의 사전적 의미는 '여러 가지 잡스러운 생각'이고 사유(思惟)의 사전적 의미는 '대상을 두루 생각하는 일'이다.

시어머님은 전형적인 현모양처시다. 자식과 남편을 위해 매끼 새로운 찌개와 밥을 하신다. 항상 자식이 먼저였다. 본인의 삶보다 가족들을 위해 살아오셨다. 어머님은 자식을 모두 결혼시킨 후 적적함과 외로움이 갱년기와 함께 찾아왔다. 함께 가게에서 일하는 아버님의 식사를 챙겨 주시느라 친구나 동네 이웃을 편하게 만난 적도 없으셨다. 잠깐 나갔다 오면 식사 챙겨 드릴 시간이 되니 어느 순간부터는 외출하지 않으셨다고 한다. 모임이라곤 부부동반 모임이 다였다. 시댁에 가면 나와 이런저런 이야기 나누는 것을 좋아하신다.

어머님은 책을 읽고 삶의 자세가 바뀐 며느리를 반겼다. 아들과의 사이도 괜찮아졌고, 매일 눈물 바람이던 내가 많이 웃고 행복해하는 것을 옆에서 지켜보셨기 때문이다. 어느 날은 손자들이 보고 싶다며 집에 오셨는데, 얼굴이 어두워 보이셨다.

"혹시 내가 볼 만한 책이 있을까?"

"어머님이요? 책 보시게요?"

"나도 책 좀 보면 마음이 편해질까 해서 그래. 책 좀 추천해줘봐."

갑작스러운 부탁이었지만 굉장히 기뻤다. 책장을 유심히 살폈다. 마음의 안식을 얻고 싶어 하시는 것 같았다. 글씨가 많지 않고 단락 나눔이 되어 있는 책, 그림이 조금씩 그려져 있는 책을 골랐다. 김제동의 《그럴 때 있으시죠?》를 꺼내 드렸다. 신랑에게 책과 친해지라며 권했던 책이었다.

그 일이 있고 나서는 시댁 갈 일이 있을 때, 근처 도서관에 들러 어머님이 편하게 보실 수 있는 큰 글씨 책을 골라 들고 간다. 아직 어머님의 삶에 책이 온전히 내려앉진 않았지만, 마음의 처방전으로 책을 고려했다는 게 큰 의미가 있었다. 더 놀랐던 건 시누이 집에 가니 내가 추천해드린 책이 소파에 있었던 일이다. 어머님이 육아로 힘들어하는 딸에게 그 책을 빌려주셨단다.

요즘은 잡생각으로 마음이 복잡할 때 책 처방을 해주는 곳이 많다. 서점이나 독서 모임 같은 곳, 작은 책방이나 온라인에서 쉽게 만날 수 있다. 힘들어하는 마음을 듣고 1주일 정도 고민하다 책을 골라 택배로 보내준다.

책은 마음을 관리해주는 힘이 있다. 정보가 넘쳐나는 온라인 카페나 SNS는 잡념을 더 복잡한 잡념으로 만든다. 사진 속 행복한 모습을 보며 불행한 자신을 불안해한다. 어느 순간부터 SNS 활동이 뜸해졌다. 개인적인 일과 활동들을 정리하고 싶어 올리는 정도다. SNS를 기웃거리지 않게 되니 책 보는 시간도 늘어났다.

작가가 되기 전, 《내가 글을 쓰는 이유》라는 책을 읽게 됐다. 파산자, 막노동 무일푼 그가 글을 쓰는 이유, 작가의 변화된 삶 이야기를 읽었을 때 가슴이 쓰렸다. 가슴이 벅차올라서. 글이 쓰고 싶어졌다. 뭉텅이로 쓰던 글들을 정리해서 차곡차곡 모으기 시작했다. 남들에게 보여주기식 글 말고. 날 위해 내 감정들을 있는 그대로 적었다. 육아 고충, 힘듦, 엄마로서 얻는 행복과 보람, 그 순간의 생각을 글로 옮겼다. 그 글들이 사유의 재산이 됐다. 첫 책《엄마, 세상 밖으로 나가다》역시 사유로 엮였다.

'잡념'에서 '잡'만 빼면 사유다. 과거를 성찰하고 현재를 점검하는 것, 여기에서 더 나아가 미래를 기획함이 사유하는 삶이다. 사유에서 끝나지 않고 행동으로 옮겨지면 좋겠다. 꼭 잡념이 사유가 되는 경험을 책으로 느껴보길 바란다.

 Today's book

예측 가능한 사회에서 사람들은 계산을 하고 미래를 기획한다. 이것을 다른 말로 바꾸면, 예측 가능한 사회에서 사람들은 과거를 보며 '성찰'하고 미래를 보며 '기획'한다. 성찰과 기획, 이것이 근대 사회에서 '사유'라고 불리는 것의 핵심을 차지한다. 내가 지금까지 어떻게 살아왔는지 성찰하여 그 과거로부터 나에게 주어진 것과 남은 것이 무엇인지 냉정하게 돌아보고, 그것을 밑천 삼아 내 삶을 설계하는 것이 우리가 흔히 말하는 '사유'다.   — **엄기호**,《공부공부》

책은 엄마를
'세상 밖으로' 나오게 한다

"혹시 저녁 모임에 나올 수 있어요?"

"아직 애들이 어려서 못 나갈 것 같아요."

"2시간이면 괜찮지 않을까? 정 안 되면 데리고 와요."

저녁에 글쓰기 모임이 있었지만 갈 수 없었다. 또 가끔은 저녁에 독서 모임을 열고 싶었다. 하지만 저녁밥을 차려 놓고도 아이들끼리 챙겨 먹는 모습, TV를 보며 엄마를 기다릴 아이들의 모습이 발목을 잡아 나가지 못했다. 내가 없으면 큰일 날 것 같았다. 집을 비운 사이에 둘째가 똥이라도 누고 싶으면 어찌할까? 별 상상을 다 했다. 엄마들의 육아 스타일에 따라 다르겠지만 난 그랬다. 답답한 마음이 불만으로 쌓여갔다. 안으로 향하던 불만은 밖으로 표출됐다. 집에서 늘 언제나 육아 중, 살림 중이 싫어서 반란을 일으키기도 했다.

《트렌드 코리아 2019》에 이제는 밥 잘하는 엄마보다 '밥을 잘 사주는 예쁜 엄마'를 아이들이 원한다는 내용이 나온다. 집안일을 하고 남는 시간에 자기계발하는 엄마 말이다. 1달에 한 번 저녁 모임에 나가는 것도 부담스러워하는 나다. 신랑은 바쁘니 일찍 오라 할 수도 없다. 늘 그랬다. 첫 아이 젖을 뗄 때도 아이가 불쌍해서, 아이가 젖 없이 못 살까 봐, 그 아이가 받을 충격이 무서워서 18개월까지 젖을 물렸다. 식초를 발라 젖을 뗐다. 아이는 생각보다 시큼한 젖을 쉽게 포기했다. 지레 겁먹고 아이 걱정을 한 것이다. 가장 두렵고 불안해한 사람은 나 자신이었다.

여기 투명한 유리컵이 있다. 그 컵에는 엄마와 아이 2명이 들어가 있다. 참, 밤에 들어오는 아빠도. 엄마는 유리컵 안 세상만 본다. 혼자 살 때는 공간의 여유가 있었기에 답답하지 않았다. 아이를 낳고 컵 안에서 비좁게 살기 시작했다. 그때부터 답답했다. 그 답답함을 아이들에게 풀기 시작했다.

"더 넓은 세상으로 나가야 해. 여기에 같이 있다가는 우리 셋 다 죽어."

"공부 열심히 해서 이 컵 안에서 나가. 알았지?"

아이들은 어떻게 세상 밖으로 나가는지 몰랐다. 엄마가 시키는 대로 했다. 엄마는 좁은 컵에서 나가지도 못하면서 아이들을 닦달했다. 엄마부터 깨고 나가야 한다. 넓고 두려웠던 세상을. 엄마의 뒷모습을 보고 아이도 용기 낼 수 있다. 그게 살아있는 교육이 아닐까.

"엄마의 의도보다 엄마의 '삶'이 더 큰 영향을 준다."

책을 빌미로 세상에 나왔다. 책은 둘째 치고 만날 때마다 내 이야기를 하느라 바빴다. 《타인에게 말 걸기》, 《행복한 사람은 시계를 보지 않는다》, 《새의 선물》 등의 소설을 쓴 은희경 작가는 젖을 먹이면서 무릎에 《임꺽정》을 올려놓고 봤다고 한다. 그 시간이 세상과 단절된 기분을 위로해줬다고.

결혼 후 경력 단절 10년. 그 시간의 잡념이 사유로 바뀌는 순간, 자기 자신에 대해, 인생에 대해 생각할 수 있었단다. 전업주부로서 굉장히 무력했고 한편으론 생각할 시간이 너무나 많았단다. 그동안 읽은 책들이 만들어낸 상상이 현실에 나타나고 있다며 그 시간이 소설을 쓸 때 도움이 되었다고 말했다.

책을 읽고 꿈을 찾을 수 있는지 몰랐다. 작가가 될 줄도 몰랐다. 책 읽는 시간 동안 온전히 '나'를 만나는 재미에 빠져 지냈다. 그 시절엔 상상하지 못했던 일들이다. 옆집 엄마가 취업했다는 소리를 들을 때마다 "혹시 자리 또 없냐?" 물었다. 세상 밖으로 나간 옆집 엄마를 보니 부러웠다. 호사스럽게 집에서 책이나 읽고 모임에 나가는 내가 괜찮은 걸까?

엔지니어로 일했던 4년은 나에게 완벽함에 대한 강박을 선물해줬다. 0 또는 1이라는 결과를 내야 하는 프로그래밍을 하다 보니 육아도 완벽한 0 아니면 1이란 결과를 내야 했다. 두려움과 외로움의 싸움을 계속하다 보니 분노가 조절되지 않았다. 심리 처방 약 같은 책 읽기는 전문의를 만나지 않아도 어떻게 해결하고 앞으로 나가야 하는지 알려줬다. 책을 읽으며 오감을 열고 그 순간 집중하다 보니 일차적 감정 욕구를 알 수 있었다.

그 후 안주하며 익숙하게 살던 세계 말고 다른 세계를 기웃거렸다. 고3 졸업을 하고 갓 사회에 나온 스무 살처럼, 발그스레한 분홍빛을 띠고, 7년 동안 나오지 않던 세상 밖으로 당당히 나왔다. 내 안에 차오르는 말들과 이야기들이 물 흐르듯이 흐를 때쯤, 글을 쓰기 시작했다. 누구나 글을 쓸 수 있고, 글을 써야 한다는 이은대 저자의 말이 글쓰기의 욕구를 최고점에 도달하게 했다. 오프라인 강의에서 직접 이은대 저자를 만났고 '경력 단절 엄마지만, 나도 책을 써보고 싶다!'는 내 바람을 확신했다.

묵묵히 지켜보던 남편도 새로운 삶을 살기 위해 도전하는 아내를 응원해줬다. 첫 책을 35일 만에 썼다. 투고 시 여러 군데 거절 메일을 받으며 낮아진 자존감을 올리기 위해 더 많은 책을 읽었다. 미간을 찌푸리며 노트북을 째려보는 엄마를 응원하던 두 아이를 떠올리며 투고를 계속했다. 결국 출판 계약을 했고, 퇴고로 또 다른 고통을 겪었다. 인고의 시간을 이겨낸 후 그토록 바라던 세상 밖으로 당당히 나올 수 있었다.

직업은 만나는 사람들도 바꿔놨다. 엄마이면서 저자인 사람을 많이 만날 수 있었다. 책을 읽고 그 시간이 합쳐져 꿈이 생기기 시작한 게 우리의 공통점이었다. 집필한 책이 책 읽기의 보답인 듯했다. 남편에게 당당함도 생겼다. 주말에 신랑 눈치 보지 않고 강의를 하러 전국을 다닐 수 있었다. 갈팡질팡하고, 이리저리 기웃거리던 시간이 나의 장단점을 알게 해줬다. 많은 엄마가 본인을 들여다보며 세상 밖으로 나와 새로운 걸 배우고 도전해보면 좋겠다. 하고 싶은 일, 보다 잘하는 일을 찾아 돈을 벌고, 좋아하는 일을 오래 하는 방법을 꼭 찾았으면 한다.

 Today's book

머릿속에 얽힌 지식이 순식간에 하나의 형태를 이루며 제자리를 찾을 때 비로소 성장이 시작되며 자신감이 생긴다.
— **야나기사와 유키오**, 《자신감은 이 순간에 생긴다》

평범한 엄마들의
두 발 앞선 삶

　세상 밖으로 나와 사람들과 어울렸다. 더불어 살아갈수록 함께 살아가는 삶의 에너지를 다른 누군가에게 주고 싶었다. 엄마라는 역할에 회의를 느끼는 엄마, 가족들이 불행한 삶을 사는 게 자기 탓인 것 같은 엄마, 전전긍긍 되고 고군분투하는 엄마, 단 한 명에게라도 희망을 주고 싶었다.

　엄마들에게 희망과 위로를 주기 위해 전국으로 강의를 다닌다. SNS로 평범한 엄마의 삶을 공유한다. 다른 지역의 독서 모임도 가끔 응원 목적으로 방문하기도 한다. 그들과 나의 차이점은 크지 않다. 내가 그들보다 조금 일찍 책을 읽기 시작했다는 것뿐이다. 일찍 시작해서 한두 발 앞서 걸어가고 있을 뿐이다. 저 멀리 걸어가지도, 뛰어가지도 않는다. 손 뻗어 감싸 안을 수 있는 거리에 묵묵히 내 길을 걸어가고 있다.

자존감 찾기 모임과 사교육걱정없는세상 모임을 함께하게 된 한 엄마의 이야기다. 그녀는 7살, 5살 남매를 키우는 엄마였다. 같은 지역에 사는 나를 알게 돼서 반갑다고 SNS에 댓글을 남겼다. 일단 시작할 수 있는 모임부터 함께하자 했다.

그녀를 처음 만나던 날이 생각난다. 빨간 립스틱과 빨간 구두를 신고 모임 장소에 나타났다. 사람과의 만남에 설렘과 두려움을 안고 온 것 같았다. 나를 보자마자 반갑다며 인사를 했다. 연예인을 보는 것 같다는 그녀의 말에 기분이 좋았다. 처음 모임에 오면 모두가 그렇다. 본인 이야기를 하고 싶어 한다. 누군가에게 말하고 싶었던 것들을 물대포처럼 쏟아낸다. 그녀는 나를 알기 전, 내 책을 읽기 전 1년 동안 바깥 생활을 잘하지 못했다고 했다. 외롭고 힘든 엄마라는 삶의 권태기를 겪을 때, 심리 테스트를 해주겠다며 몇 명이 접근했다고 한다. 그들은 심리상담가처럼 그녀의 힘든 부분을 알아줬고, 천사처럼 자신의 이야기를 공감해주며 위로해줬다고 한다.

오랜 시간이 흐른 후, 그들은 그녀의 집에 찾아오겠다며 주소를 물어봤고 접근한 이유를 서서히 드러내기 시작했다고. 소위 말하는 종교 전도를 위한 접근이었다. 이 사실을 알고 그녀는 연락을 끊고 바깥 생활을 잘하지 못하게 되었단다. 집으로 찾아오는 그들 때문에 더욱더 고립되고 외로웠다는 말에 가슴이 아팠다.

어떻게든 엄마라는 삶 속의 해방구를 찾고 싶어 했던 그녀가 예전의 내 모습 같았다. 나를 만난 후 그녀는 자신을 드러내기 시작했다. 자존감 찾기 모임에서 그녀 자신을 알아갔다. 2달이 지나갈 때쯤, 꿈이라는 것이 생겼다고 했다. 본인을 있는 그대로 인정하고 사랑하고 싶다는 그녀의 말이 세상 어떤 감사의 표현보다 감동이었다.

내 책을 읽고 독서를 시작하는 엄마들, 세상 밖으로 나와 본인의 꿈을 찾는 엄마들의 사연과 이야기를 들을 때마다 '책이 삶에 내려앉아서 참 다행이다.'라는 생각이 든다. 아이와 거리 두기, 불행한 삶을 변화시키기 위해 읽기 시작한 책 읽기가 다른 이들의 삶을 변화시킬지 누가 알았을까?

우린 단지 걸어가는 위치만 다를 뿐이다. 각자의 자리에서 삶의 변화와 성장을 책 읽기로 시작한다면 크게 문제 되지 않을 것이다. 첫 책을 출간하고 같은 지역에 사는 엄마이자, 작가인 3명의 대표님과 함께 엄마 성장학교, '엄마새 꿈짓 학교'를 만들었다. '치유, 성장, 꿈'이라는 키워드를 가지고 함께하고 있다. 누구나 엄마라면 함께할 수 있다. 옆집 엄마랑 꿈도 찾고 행복한 삶을 찾는 파트너가 되고 싶었다.

오늘도 힘들고, 내일도 힘든 엄마이지만 아이 덕분에 엄마로 살아간다. 아무도 알려준 적 없는 엄마라는 삶. 경력단절이 아니라 사람을 키우는 인문학 세계를 살아가는 중이다. 엄마 품에는 아이를 품는 시기와 꿈을 품는 시기가 따로 있다. 아기 새가 혼자 날갯짓을 하고 둥지를 떠나듯 아이가 독립하여 사회로 나아가면 엄마의 꿈이 비상하도록 돕는 꿈짓 학교!

엄마새 꿈짓 학교의 소개 글이다. 혼자보단 함께하면 더 많은 힘을 얻고 나눌 수 있다. 지금은 두 발 뒤에 서 있는 엄마들이 먼 훗날 다른 이들의 희망이 될 수 있다. 그들의 이야기가 글이 되어 책으로 세상에 나온다면 결국 '책으로 시작해서 책으로 끝나는 것'이다.

2018년 KBS 연애대상 오프닝에 개그우먼 이영자 씨가 말했다. 수많은 오디션에 떨어질 때, 많은 사람이 그녀를 포기할 때, 그녀만은 꿈을 포기하지 않았다고 한다. 꿈을 향해 묵묵히 걸어갈 때, 어느 순간 꿈의 자리에 있었다고 한다. 여러분도 절대 꿈을 포기하지 말라고 말했다. 이 나이에도 새로운 꿈을 꾼다며, 꿈을 포기하는 순간 꿈은 멈춘다고. 계속해서 꿈을 꾸면 어느 순간 그 자리에 있게 된다고 했다.

내 이야기를 하는 것 같아 눈물이 났다. 내 꿈을 포기하고 싶을 때 책이 아무런 말 없이 나에게 힘을 줬다. 책은 늘 그랬다. 손 뻗으면 닿을 곳에 자기 자리를 지키며 나를 기다려줬다.

평범하지만 비범한 엄마 삶을 위해 오늘도 난 책을 읽으며 나 자신과 만난다. 그 후 넘쳐나는 에너지를 함께하기 위해 사람들을 만난다. 두 발 앞서 있다가 다리가 아프면 잠시 털썩 주저앉아 쉬었다 가기도 한다. 삶의 순리대로, 할 수 있는 만큼만 하며 살고 싶다. 남은 시간 동안 세상 모든 책을 읽을 순 없지만 꾸준한 책 읽기로 남은 생을 살아가고 싶다. 난 참 행운아임이 틀림없다.

 Today's book

인간은 자신이 경험하고 마주하는 무수한 것들에 물들고, 반대로 주변의 존재들에게 스스로를 물들이기도 하는 존재다. 우리는 물들고 물들이는 색을 선택할 수 있다. ― **조윤제**, 《다산의 마지막 공부》

5장

나를 바꾼 책

간절하게 시작한 책 읽기는
나를 찾게 했고 나만의 길을
만들어줬다.
길, 다른 길이 있다는 걸
알게 해줬다.

종이는 사람보다 낫다.
엄마 세계를 키워준 고마운 벗.
고마운 벗의 이름은 책.

나를 바꾼 책

　7년간 읽은 책 중에 나에게 도움이 됐거나 반복적으로 읽은 책들을 정리해보았다. 책을 공부하듯이 읽기 시작하면서 다독보다는 정독을 좋아하게 됐다. 처음엔 남들처럼 100권 읽기에 목숨 걸었다. 그런데 목표를 달성해도 남는 게 별로 없었다. 분명 읽었는데 말이다.

　이 책에서 소개하는 책들은 독서 노트에 적힌 책 중 내 눈이 오래 머문 책들이다. 그 당시 마음 상태와 삶의 환경에 따라 울림이 달랐던 책이다. 여러분도 읽어 내려가다 눈이 잠시 머무는 책 제목이 있다면 한번 읽어보길 바란다.

　참고로 책을 읽다가 어렵거나 읽히지 않으면 과감히 덮길 바란다. 궁합이 맞는 책이 있고 안 맞는 책이 있다. 읽히지 않으면 다른 책을 읽으면 되니 자책하지 말고 책 읽기를 계속했으면 좋겠다. 개인적으로 느끼는 깨달음과 울림 온도가 다르겠지만, 여러분의 삶에 조금이나마 도움이 되길, 책이 여러분의 삶에 내려앉기를 응원한다.

책과 친해지기

이지성, 《독서 천재, 홍 대리》, 《생각하는 인문학》, 《리딩으로 리드하라》
많은 사람이 《독서 천재, 홍 대리》를 읽고 독서를 시작했을 것이다. 홍 대리는 사회에서 생존하기 위해 고군분투하지만 쉽지 않았다. 그때 한 친구의 도움으로 독서를 시작한다. 책을 읽기 시작하면서 삶이 변화했다. 그 이야기를 소설처럼 풀어냈다. 책 읽기를 시작하는 이들에게 동기부여를 제대로 해줄 책이다. 독서를 통해 변화하고 싶지만 어떻게 해야 하는지 모르는 분들에게 추천한다. 《독서 천재, 홍 대리》는 절판되었다. 중고서점에 홍 대리 시리즈가 많으니, 중고서점 온·오프라인으로 구매하면 된다. 최근에는 《독서 천재, 홍 팀장》으로 업그레이드되었다.

홍 대리 책을 읽고 이지성 작가님의 책을 연달아 읽었다. 《생각하는 인문학》을 먼저 읽고 《리딩으로 리드하라》를 읽었다. 인문학을 통해 교육을 바로 세우고 사회를 변화시키자는 작가의 의도가 담긴 책들이다. 독서 방법, 습관 등 책 읽기의 방향과 목표를 만드는 데 도움이 되었다.

김무곤, 《종이책 읽기를 권함》
책이 사라져가는 시대에 왜 책을 읽어야 하는지를 말한다. 작가가 느낀 책의 매력과 힘을 이야기한다. 소리 내서 읽기, 속독, 정독 등 책 읽는 방법과 어떤 책을 읽을지에 대해 소개한다. 책장 넘기는 소리, 종이 냄새, 손에 닿는 종이 느낌 등 종이책의 매력을 간접 경험할 수 있는 책이다.

사이토 다카시, 《독서는 절대 나를 배신하지 않는다》

아이와 분리되고 싶어 책을 읽었다. 읽다 보니 더 욕심이 났다. 삶이 바뀔 수 있을까? 바뀐다는데……. 작가는 빈털터리 대학원생이었지만 책을 손에서 놓지 않았다. 유명인사가 되어서도 매일 독서하며 살아간다. 생각하는 힘, 풍부한 간접 경험, 단단한 내면의 힘 키우기, 불행 속 자신감을 잃고 힘들어하는 사람들에게 독서로 자신의 내면의 힘을 찾게끔 일깨워준다. 독서의 힘을 의심하지 말고 믿어라. 독서는 절대 배신하지 않는다. 독서의 힘을 실감 나게 전달한다. 책 읽기를 시작하거나 잠시 슬럼프가 왔을 때 읽으면 도움이 될 만한 책이다.

전안나, 《1천권 독서법》

저자는 엄마이자 워킹맘이다. 그녀는 우울하고 죽을지도 모른다는 삶에 대한 두려움에 힘들어하다 책을 읽기 시작했다. 100권을 읽고 안정감을 찾고 불면증에 벗어났다. 300권을 읽자 누군가를 미워하지 않게 됐다. 500권을 읽었을 때 삶에 호기심이 생겼다. 800권을 읽은 후 작가가 되고 싶었고 그 꿈을 이뤘다고 한다. 1천 권을 읽으며 알게 된 책의 힘과 책 읽기의 기술을 전해준다. 좀 더 체계적이고 구체적으로 책 읽기를 기록하는 방법, 일하는 엄마로서 책 읽는 시간 관리 방법에 대한 요령을 알려준 책이다.

김슬기, 《아이가 잠들면 서재로 숨었다》

제목에 끌렸다. '육아에 무너진 여자를 일으킨 독서의 조각들'이라는 부제를 보고 바로 읽어 내려갔다. 책 제목과 부제가 중요하다더니 이 책은 제목과 부제만으로 동질감을 줬다. 저자는 육아와 살림을 하다 아이가 잠들면 책을 읽었다. 나의 책과 비슷한 주제와 맥락을 가진 책이다. 엄마가 되면서 알아가게 되는 나. 그 성찰의 시간 속 느낀 감정과 깨달음을 책으로 풀어냈다. 서재에서 책과 함께 알게 된 것들이 궁금하다면 꼭 읽어보길 바란다.

이은대, 《강안 독서》

한 권의 책이라도 제대로 읽으면 언젠가는 책의 내용처럼 삶을 살 수 있다. 《강안 독서》는 줄거리를 이해하고, 키워드를 선택해서, 내 삶에 투영시킨다. 그 투영된 생각을 글로 옮겨 적으면 책이 된다. 독서에서 끝나는 것이 아니라 각자의 삶에 투영시켜 독서의 끝인 글쓰기로 다른 이의 삶에 보탬이 되는 것이 강안 독서라고 저자는 말한다. 독서와 글쓰기에 관해 관심이 있는 분들이 읽으면 좋은 책이다.

장석주, 《마흔의 서재》

이 책은 깊은 향기가 있다. 마흔에 잠시 멈추어 읽는 책 읽기가 남은 인생의 길이다. 어깨가 무거워지는 마흔에 나를 위한 서재와 책이 필요하다. 책의 은유적 글들이 마음을 평화롭게 한다. 책 내용이 어려워 빨리 읽히지 않을 수도 있다. 단락별로 하루에 하나씩 읽어도 좋은 책이다.

김형경, 《소중한 경험》

독서 모임에 참여하고 싶은 사람, 독서 모임을 만들고 싶은 사람에게 추천한다. 독서 모임을 통해 자기 내면을 성찰하고 성장하는 사람들의 이야기를 다뤘다. 사람은 경험을 통해 성장한다. 독서 모임에 나오면서 내적인 변화와 외적인 변화를 간접 경험할 수 있다고 책은 말한다. 독서 모임을 만들고 이끄는 방법, 독서 모임에서 함께 나누면 좋은 책들이 소개되어 있다. 개인적으로 나 자신이 어떤 경험을 하고 있는지, 경험 속 행동의 의미를 되돌아볼 수 있는 시선을 만들어준 책이다.

📖 정혜윤, 《침대와 책》, 《삶을 바꾸는 책 읽기》, 《그들은 한 권의 책에서 시작되었다》

《침대와 책》은 현재 절판되었다. 중고서점이나 도서관에서 볼 수 있다. 침대에서 책을 읽은 그녀는 설렘으로 독서기를 수록해놨다. 목차마다 이야기 주제를 정해놓고 그 안에 책들을 풀어놨다. 소설 추천이 많다. 라디오 PD이기도 한 저자의 감수성을 느낄 수 있다. 작가는 삶의 에피소드를 책과 연결하며 자연스럽게 책을 추천했다.

《삶을 바꾸는 책 읽기》는 제목이 확 와 닿았다. 나 역시 책을 읽었던 동기가 삶을 바꾸고 싶었기 때문이었다. 독서에 대한 궁금증을 8가지 질문으로 풀어놨다. 책으로 삶이 바뀌는 답을 찾는 것은 아니다. 자기 성찰의 시간을 가진 후 각자에게 맞는 방법을 찾으라고 책은 말한다.

《그들은 한 권의 책에서 시작되었다》는 11명의 독서가의 삶 속 책 이야기다. 단 한 권의 책이 그들에게 어떤 울림을 줬는지, 인터뷰 형식으로 풀어 놨다. 독서가들은 비평인, 방송인, 촬영감독, 작가 등 다양하다. 책과 한 사람의 운명적 만남이 담겨 있다. 11명의 독서가의 인생 책 이야기를 읽으며 나에게 공명을 준 책은 무엇인지 정리해보는 시간을 가질 수 있었다.

부모 역할 다지기

야마다 모모코, 《섹시함은 분만실에 두고 왔습니다》

《섹시함은 분만실에 두고 왔습니다》는 육아 만화 에세이다. 신체적 변화부터 달라진 엄마의 삶을 풍자화해서 풀어냈다. 책 표지가 끌렸다. 밥을 먹으며 한 발로 바운서를 밀고 있는 살찐 엄마의 모습이 나 같았다. 그런 모습이 슬프고 우울하지 않았다. 격한 공감과 웃음을 자아냈다. 이 책은 출산한 지 얼마 안 된 엄마들이 보면 좋은 책이다. 아빠도 함께 보면 좋겠다. '왜 우리의 엉덩이가 네모모양이 되었는지'를 알려주고 싶다.

마스다 미리, 《내가 정말 원하는 건 뭐지?》

엄마 인생 중반쯤, "나는 누구지? 뭐 하고 있는 거지?"라는 의문이 들 때 읽으면 좋은 책이다. 무겁지도, 가볍지도 않게 이야기를 전개한다. 대사 한마디에 공감 100%. 아가씨와 아줌마의 차이까지. 신랑도, 친정엄마도 "계속 집에 있을 필요는 없을 거야. 일하는 건 좋지만 집안일에 지장이 없을 범위에서 한다면 찬성이야."라고 말한다. 우리 엄마들의 세계는 집안일에 지장이 없는 범위에서 자기실현을 해야 한다. 씁쓸하지만 어쩜 맞는 말이다. 공기가 되어 희미해질까 봐 엄마들은 불안해한다. 주인공의 고민을 우리가 지금 하는 것은 아닐까? 아이에게 집중된 삶이 아닌, 엄마 자신에게 더 집중하고 싶은 사람에게 추천한다. 삶에 큰 질문을 만들 수 있을 것이다.

심재원, 《천천히 크렴》, 《완벽하게 사랑하는 너에게》

저자 심재원을 사교육걱정없는세상 영유아 강좌로 알게 됐다. 독박육아로 아내의 일기장이 텅 비어 갈 때 저자는 아내를 대신해서 그림과 짧은 일상이야기로 일기장을 채워 나갔다고 한다. 공감되는 메시지와 그림을 보며 '다 똑같구나!' 하고 위로를 받았다. 《천천히 크렴》은 아이의 일상에 중점을 두었다면, 《완벽하게 사랑하는 너에게》는 좀 더 나아가 가족에게 초점을 맞췄다. 각자 위치에서 느껴지는 일상을 다루었다. 그림과 짧은 글로 다룬 이 책은 정신없는 초보 육아 맘들에게 권하고 싶다.

재클린 크래머, 《엄마 명상》

엄마 삶에 권태기가 왔을 때 읽었다. 임신, 양육, 아이가 엄마 품을 떠날 때까지 엄마는 자신을 어떻게 돌봐야 하는지를 다뤘다. 재클린 크래머는 25년간 불교 수행을 하고 틱낫한 스님에게 계를 받았다. 엄마로서 겪는 영적 수행, 반복되는 집안일과 육아로 지친 마음을 다독여주는 책, 지혜를 전해주는 책이다.

박혜란, 《다시 아이를 키운다면》

저자는 방법론적인 육아서와 다르게 아이를 믿고 키우라고 말한다. TV를 함께 보면서 살을 비비고 함께 웃는 것도 괜찮다며 마음 편하게 아이를 키우라고 한다. 부모 마음으로 키우지 말고 할머니처럼 손주 보듯 키우라고 말이다. 남의 아이처럼 대하면 쉽다고 하는데 쉽지만은 않다. 지겹고 힘든 육아, 잠깐이라 생각하고 즐겨보라는 작가의 말에 위로받고 힘을 얻었다. 박혜란 작가님은 가수 이적의 어머님이자 《믿는 만큼 자라는 아이들》,《엄마공부》 등 다수의 책을 쓰셨다.

크리스 메르코글리아노,《길들여지는 아이들》

이 책을 읽은 후 세월호가 생각났다. '가만히 있으라'는 말, 지시에 길들여진 아이들. 내면에 있는 아이들의 야생성을 어떻게 살릴 것인가 고민하게 만드는 책이다. 아이들을 위해 집안일조차 시키지 않는 부모, 생활 습관 수업이 있는 현재. 내면의 힘을 키워주기 위해 우리가 무엇을 해야 하는지를 여러 가지 자료로 증명해 보여준다. 불편하지만 한번쯤 짚고 넘어가야 할 내용이 많다.

수 클리볼드,《나는 가해자 엄마입니다》

1999년 미국 콜럼바인 고등학교에서 총기 난사 사건이 있었다. 그 사건 가해자의 엄마, 수 클리볼드의 회고록이다. 가해자인 아들은 난사 후 스스로 목숨을 끊었다. 아들에 대한 변명을 늘어놓은 책이 아니다. 이 책의 핵심은 '내 아이를 잘 안다고 생각하지 마라! 어쩌면 아이 혼자 괴로워하고 힘들어하는 무엇인가가 있을 수 있음을 부모는 알아야 한다'는 것이다. 자식을 안다는 게 불가능한 일일 수도 있다. 우리는 어쩜 착각 속에서 부모 역할을 하고 있는지 모른다. 잠시 아이와 나의 관계를 점검해보자. 아이를 괴물로 키우고 있는 것은 아닌지 되돌아볼 시간을 준 책이다.

권영애,《그 아이만의 단 한사람》,《자존감, 효능감을 만드는 버츄프로젝트 수업》

이 두 책은 부정에너지가 강한 나를 되돌아보게 했다. 울림, 감동, 따뜻한 사랑 에너지를 준 책이다. 저자는 초등학교 교사였다. 지금은 더 많은 사람에게 사랑 에너지를 전파하기 위해 잠시 교단을 떠났다. 마녀라는 별명을 가졌던 선생님이 아이들에게 우주 최고상을 받았던 현장의 경험 이야기다. 버츄라는 52가지의 언어를 가지고 아이들 내면의 힘을 깨우고 찾게 한 그 경험과 깨달음을 책에 담았다. 사랑에너지, 긍정에너지가 어떤 힘이 있는지, 미덕을 수업에 적용하기 전후의 이야기는 눈물 없이 읽을 수 없다. 《그 아이만의 단 한 사람》을 먼저 읽고 《버츄프로젝트 수업》을 읽어보길 권한다. 부모인 우리가 아이들의 단 한 사람이 되어주는 것, 자존감을 키워주는 것이 공부 습관을 길러주는 것보다 더 중요하다고는 것을 이 책들로 확신하게 됐다.

📖 오찬호, 《우리는 차별에 찬성합니다》, 《대통령을 꿈꾸던 아이들은 어디로 갔을까》, 《결혼과 육아의 사회학》

저자는 사회학자다. 비판적 사고로 사회와 교육에 접근했다. 사회학자의 관점에서 이야기를 풀어냈다. 이런 점이 좋았다. 저자의 책을 다소 불편해하는 사람도 있다. 현실적이고 사실적이기 때문이다. 누군가는 아무도 하지 않는 이야기를 해야 한다.

《우리는 차별에 찬성합니다》는 '괴물이 된 20대의 자화상'이라는 주제다. 20대 젊은이들은 차별적인 세계관을 가지고 있다. 20대의 문제만은 아니다. 차별 없는 세상을 꿈꾸지만 우리는 차별하기도 하고, 차별받기도 한다. 비정규직이 정규직이 되는 것을 쉽게 허락하지 않는다. 이런 현상은 왜 일어날까? 아이들에게 어떤 말을 해줘야 할까?

《대통령을 꿈꾸던 아이들은 어디로 갔을까》는 무한경쟁의 시대에 '공무원 말고는 좋은 직장이 없다'고 생각하는 사람들, 노량진에서 힘들게 고시 공부를 하는 공시생들의 절박함을 통해 헬조선에서 살아남기 위한 슬픈 현실을 이야기한다.

《결혼과 육아의 사회학》을 읽은 독자들은 제목을 《결혼과 육아의 사회악》이라고 바꿔 부른다고 한다. 이 책은 대한민국 부모들을 불편하게 한다. "설마?", "너무 심한 거 아니야?"라고 할 수도 있다. 불쌍하고 억울한 부모들의 속내, 경쟁하듯 육아하는 부모 등 사회학자의 분석은 부모들을 당황스럽게 만들었다. 당연하다고 생각한 것들이 당연하지 않았다. 왜 비혼자가 늘어나는지, 결혼 후 아이를 낳지 않으려는지, 공감하다가도 고개를 갸우뚱거리게 하는 책이다. 육아와 엄마표를 경쟁하듯 열심히 한 나로서는 생각 전환에 도움이 됐다. 부모로서 어떤 마음을 가져야 하는지를 점검할 수 있게 큰 질문을 던져주었다.

📖 정혜신, 《당신이 옳다》

이 책을 감정 부분에 넣을지, 내면 성찰에 넣을지 고민했다. 엄마인 우리는 감정노동을 한다. 공감인 줄 알고 고개 끄떡이며 아이에게 집중한다. 노력한 공감은 감정노동이었다. 괴물로 변하게 한 원인이었다. 공감은 들어주는 게 아니다. 상대방 말을 듣고 질문하는 것이 공감이다. 내가 생각하는 공감이랑 달랐다. 감정은 옳지만, 감정을 표현하는 행동은 옳고 틀림이 있다고 한다. 당신의 감정은 옳다. 나도 옳고 너도 옳다. 매일 우울하고 불안한 우리에겐 과연 무엇이 필요할까? 이 책을 읽으면서 아이와 나를 투영시켰다. 아이의 감정은 옳다. 엄마인 내 감정도 옳았다. 충고하지 않고 평가하지 않으면서, 한 사람으로서, 아이들과 어떤 감정 교류를 해야 하는지 알려준 고마운 책이다. 학교에서 혼나고 온 아이가 엄마에게 "엄마는 그러면 안 되지. 왜 그랬냐고 물어봐야지……."라고 말했다. 아이의 마음이 어땠는지, 얼마나 속상했는지, 왜 때렸는지 물어봐 주는 것. 그것부터 하는 것이 공감이었다.

📖 **김종원,《부모 인문학 수업》**

"가르치려면 실패할 것이고, 함께하려면 성공할 것이다." 부모의 의도는 전달되지 않는다. 부모의 삶이 전달될 뿐이다. 평소 나의 신념이다. 청소년에게 가장 걸림돌이 무엇일까? 저자는 '부모'라 말한다. 아이를 키우는 부모 마음이 아픈 이유도 아이를 소유하고 분리하지 못했기 때문이다. 아이와 분리하고 싶어 책을 읽었다. 저자가 생각하는 교육은 아이를 뜨겁게 사랑하고 전하는 것으로 인문학적 소양을 키우고 예술적 감각을 가진 부모가 되라고 한다. 이 시대에 필요한 부모상이지 않을까?

 # 교육관 바로 세우기

📖 **사교육걱정없는세상,《학원 없이 살기》,《아깝다 학원비》,《아깝다 영어 헛고생》**

《학원 없이 살기》는 사교육걱정없는세상 홈페이지에 올라온 상담 글을 토대로 구성된 책이다. 학습법, 독서, 사교육의 선택, 아이와 부모의 삶 등의 질의응답으로 구성되어 있다. 백번 공감하지만, 실천으로 옮기기 어려운 고민도 있다. 이 책은 걱정을 줄이고 불안을 해소하는 실질적인 솔루션을 전달해준다.

《아깝다 학원비》는 어떤 사교육이 필요하고, 불필요한지 생각하게 했다. 사교육에 대한 불편한 진실을 폭로했다. 과학적 정보와 풍부한 사례로 이야기를 구성했다. 학원비가 아깝다는 생각이 드는 사람, 학원 선택에 도움을 받고자 하는 사람에게 추천한다. 《아깝다 영어 헛고생》은 영어공부는 언제부터 시작해야 하는지를 데이터와 분석 자료로 설명하고 있다. 초3 이후부터 레벨을 높이는 공부가 아니라, 여러 가지 영어책을 읽으라 한다. 가장 중요한 것이 "재미"를 잃지 않는 영어공부다. 단계 코스를 밟으며 영어공부를 시키고 있던 나. 이 책으로 아이에게 영어공부의 부담감을 줄여 줬다. 천천히 영어공부에 대한 욕심을 내려놓았다. 왜 지금 당장 이렇게 해야 하는지, 스스로 생각할 시간을 갖게 해준 책이다.

📖 구본창 외 6명, 《잠 못 드는 초등부모를 위하여》

《잠 못 드는 초등 부모를 위하여》는 제목으로 느낌이 온다. 사교육의 불편한 진실, 선행이냐 복습이냐, 스마트폰 사용 등 전반적인 초등학교 부모님들의 고민을 다뤘다. 7명의 전문가가 영어, 수학, 스마트폰, 아이의 삶, 독서 등 사교육 걱정 없이 아이를 키우고 싶은 초등부모를 위한 책이다.

📖 송인수, 《우리는 아이들에게 모두 빚진 사람들이다》

《우리는 아이들에게 모두 빚진 사람들이다》는 일기형식의 반성문이다. 교사로 살아가던 저자는 어떤 계기로 인해 교육과 입시에 맞서는 교육 시민단체를 만들었다. 보이지 않는 불편한 진실을 누군가는 건

드려야 했다. 저자의 열정과 에너지로 시작한 이 운동이 우리에게 주는 교훈은 무엇일까? 진술한 그는 완벽한 사람이 아니다. 그의 꾸준한 성찰과 노력이 더디게 변화는 사회를 바꾸고 있다. 그가 하는 말과 교육운동이 100%로 옳지 않을 수 있다. 누구도 말하지 않는 그 불편함을 그는 말해준다. 이 책을 통해 아이에게 주어야 할 게 무엇인지, 한 번쯤 생각해보는 시간을 가졌으면 좋겠다.

📖 이승욱·신희경·김은산, 《대한민국 부모》

정신과 의사 세 명이 들려주는 '진짜일까?' 싶을 정도로 솔직한 부모 이야기다. 아이들이 어떻게 경쟁에 내몰리게 되었는지, 한국 사회의 구조적인 문제와 실제 상담사례를 다뤘다. 신자유주의로 인한 경쟁 시대가 가정에 어떤 영향을 미쳤는지 이야기한다. 상처가 대물림된 상담사례는 충격을 줬다. 어디에 가치를 두고 살아야 할지 고민하게 만든 책이다. '안티부모카페'가 있는 시대에 아이들을 어떻게 키워야 하는지, 공부에 어떤 의미를 부여할지를 씁쓸하지만, 꼭 짚고 넘어가게 만들어주는 책이다.

📖 김대식·김두식, 《공부 논쟁》

말 그대로 공부 논쟁이다. 두 저자는 형제다. 요즘은 교육에 관한 정보가 넘쳐난다. 과잉 정보로 인해 교육 방향을 잡기 어렵다. 갈대처럼 흔들리는 부모들에게 권한다. 스펙 쌓으며 취업에 목을 매는 현실, 명문대만 나오면 사회적 성공이 보장된다는 무책임한 생각, 공부 재능 말고는 인정해주지 않는 분위기 속에서 아이들에게 어떤 공부를 시켜야 할까? 김대식 교수는 소위 말하는 기득권층이다. 그렇기에 그의 말이 불편할 수 있다. 난 그의 이야기가 사이다 같았다. 자기반성과 자기 고발을 통해 세상의 변화를 바랐다. 비뚤어진 교육과 대학 시스템의 이야기를 비판적으로 다뤘다. 이런 내용이 신선했다.

고봉익·윤정은, 《공부 감성》

'책에서 알려준 교육법은 왜 내 아이에겐 안 통하지?'라는 의문에 답을 알려준 책이다. 아이의 내면엔 공부에 대한 동기가 많지 않기 때문이었다. 공부에 대한 기쁨과 즐거움을 알게 해줘야 한다. 성취감이 생기면 욕구가 생긴다. 학습에 대한 주도적인 마음도 가지게 된다. 이 마음이 '공부 감성'이다. 공부할 때 느끼는 감정과 정서를 조절하는 능력인 공부 감성을 가지는 게 중요하다. 공부와 감성이란 단어의 조합이 신선했다. 잔소리 대신 아이를 믿어주는 부모가 돼야겠단 다짐을 하게 됐다.

신의진, 《현명한 부모는 아이를 느리게 키운다》

육아 초기에 읽었던 책이다. 잘 키우기 위해 현명함이 완벽함이 되지 않게 아이를 키워야 한다. 우리는 아이에게 어떤 무기를 손에 쥐여줘야 할까? 내적·외적으로 더 살기 어려워진 시대에 아이들에게 필요한 건 무엇일까? 저자는 위험한 세상에 맞설 수 있는 '주도적인 자세'가 필요하다고 말한다. 학창시절 공부보다 독서를 많이 한 저자는 책을 통해서 주체적인 삶을 살 수 있는 힘을 가지게 됐다고 한다. 아이에게 이런 튼튼한 무기를 주고 싶다면 엄마부터 책 읽는 삶을 살라고 말하고 싶다.

엄기호, 《공부 공부》, 《교사도 학교가 두렵다》

《공부 공부》 제목부터 공부다. 공부 모임에서 추천받은 책이었다. 도서관에 빌려 읽다 소장 가치가 있어서 구매했다. "공부에 바빠 공부를 잃은 이들에게, 자기를 돌보는 방법을 어떻게 배울 것인가?"라는 표지 앞 문장에 눈길이 멈췄다. 교육 현장의 공부 목적 변화, 학교와 사회문화의 변화를 사실적으로 이야기한다. 저자의 비판적이고 냉철한 분석이 좋았다. 자기계발을 위한 공부가 아닌 자기 배려를 위한 공부를 해야 하고, 공부의 목적이 무엇인지 생각해봐야 한다고 저자는 말한다. 신분 상승? 행복? 공부는 시간의 노예란 말이 씁쓸했다. 진정한 목적을 가지지 않고 공부를 해치우는 우리. 공부는 분별력을 키워준다. 부모인 우리가 아이들에게 어떤 목적을 가진 공부를 시켜야 할까? 아니, 도와줘야 할까? 공부의 의미를 점검해준 책이다. 어려울 수 있다. 부모와 아이를 위해 꼭 읽어봤으면 좋겠다.

부모로서, 교육에 관해 이야기하다 보면 학교, 선생님 이야기가 빠질 수 없다. 《교사도 학교가 두렵다》를 읽으면서 선생님의 어려움을 알게 됐다. 교무실은 외로운 섬이고, 학교에서는 교육과 아이들의 삶에 관한 토론보다 뒷이야기가 더 많은 게 현실이라 말한다. 배울 마음이 없는 아이들을 집중시켜야 한다. 교사의 역할은 무엇일까? 지식을 전달하는 자? 감독자? 수업에 변화를 주려고 해도 동료 교사의 눈치를 봐야 한단다. 교사에 대한 불신이 팽배해 학생도, 부모도 교사들의 인권을 존중하지 않으며 학교와 교사를 탓한다. 어쩌면 대한민국의 교육제도 아래 희생자는 학생, 부모 외에 교사도 포함되지 않을까 싶다. 선생님들의 필독서 같지만 부모인 우리가 읽어도 좋은 책이다.

📓 **엄기호·하지현, 《공부 중독》**

《공부 공부》를 읽고 엄기호 저자의 책을 이어 읽었다. 그중 《공부 중독》은 공부만이 살길이라고 믿는 이들에겐 추천하지 않는다. 사회학자가 본 '공부', 정신의학과 전문이가 본 '중독' 이야기이기 때문이다. 10대엔 입시, 20대엔 취업, 30대엔 자기계발. 회사에 취업해도 자기계발은 끝도 없다. 조직 안에서 살아남기 위해 고군분투한다. 그 삶 속에 불안, 우울이란 감정이 커지고 있다. 그 이유를 공부, 중독이란 단어로 말한다. 공식을 암기하는 것도 공부다. 이 공부만 있을까? 경험으로 배우는 공부도 있다. 자전거 타기를 아무리 강의로 가르쳐줘도 타보지 않으면 탈 수 없다. 개천에서 용 난 시대의 공부 힘이 지금도 가능할까? 드라마 〈SKY캐슬〉을 보면서 《공부 중독》, 《공부 공부》가 생각 났다. 예서 엄마에게 권해주고 싶은 책이다.

자기계발하기

📓 **할 엘로드 《미라클 모닝》**

올빼미형인 내가 한 번쯤 새벽에 일어나고 싶게 만든 책이다. 지금은 글을 쓰거나 강의 준비나 책을 읽기 위해서 새벽에 일어난다. 하루를 일찍 시작하게 되면 삶의 목표와 자세가 바뀔 수 있다. 무조건 새벽형 인간이 되어야 한다고, 미라클 모닝을 해야 한다고 말하고 싶지 않다. 각자 왜 아침에 일어나야 하는지에 대한 이유를 찾고, 새벽 기상에 익숙해지고 싶은 이들은 《미라클 모닝》을 읽고 동기부여하면 좋겠다.

📖 헨리에트 앤 클라우저, 《종이 위의 기적, 쓰면 이루어진다》

책이 삶에 내려앉게 되면 손이 움직인다. 머릿속에 떠다니는 단어와 문장들을 손끝으로 쓰게 된다. 의지와 끈기가 약한 나에게 메모와 글쓰기는 큰 도움이 됐다. 실상 이루기 어려운 것들이라도 종이에 쓰고 매일 그것을 보면, 그 꿈 가까이에 가 있었다. 기록은 기억을 이긴다고 했다. 책 내용을 필사하고 내 생각을 쓴다. 가끔 일기도 쓴다. 되고자 하는 '나'를 적어놓고 그 모습에 가까워진 자신을 상상한다면 이것만으로도 긍정의 에너지가 생기지 않을까?

📖 잭 캔필드·자넷 스위치, 《석세스 프린셔플》

미래에 대한 두려움이 컸을 때, 자존감이 낮아 스스로 할 수 있는 일이 있을지 고민했을 때 읽은 책이다. 이 책은 성공하기 위한 64가지의 조언으로 구성되어 있다. 하루에 한 가지씩 조언을 독서 노트에 필사하며 자기암시를 했다. 자기계발서를 읽으면 동기부여는 되지만 실천하고 행동하기에 엄청난 노력이 필요하다. 삶에 새로운 자극을 받거나 동기를 부여받고 싶을 때 난 자기계발서 책들을 권한다. 《석세스 프린셔플》이 어려울 순 있지만 매일 조금씩 읽으면서 자기 혁명을 해보고 싶은 사람에게 추천한다.

📖 홍승훈, 《꿈은 삼키는 게 아니라 뱉어내는 거다》

제목부터 끌렸다. 꿈을 실현하기보단 현실 가능한 것만 하며 살았다. 시간이 없어서, 돈이 없어서, 애들이 어려서……, 여러 가지 변명을 합리화하면서 꿈을 삼켰다. 꿈은 뱉어내는 것이라는 저자의 말을 보고 내 꿈이 무엇인지부터 알고 싶었다. 책을 읽으며 꿈을 꾸기 시작했다. 엄마로서만 살던 내 삶에 작은 성공과 실패를 반복했다. 실패가 왔을 때 돌아서고 싶었다. 이 책은 실패를 인정하면 실패에서 배운다고 말한다. 자신의 상처를 보듬어주며 자신을 믿어야 한다. 완벽함을 내려놓고 고통이 찾아와도 피하지 말자. 우리 안에는 엄청난 잠재력이 있다. 내가 나를 지킬 힘이 있다. 그 힘을 믿고 꿈을 삼키지 말자.

이지성, 《꿈꾸는 다락방》

2007년 출판된 책은 2017년에 10주년 개정증보판이 나왔다. 개정판이 나오기 전 2016년에 이 책을 읽었다. 저자는 베스트셀러 작가를 꿈꾸기 시작한 지 14년 만에 《여자라면 힐러리처럼》으로 꿈을 이루었다. 그동안 'R=VD' 공식을 실천하며 살았다고 한다. 생생하게 (Vivid) 꿈꾸면(Dream) 언젠가는 이루어진다(Realization)는 공식이다. 원하는 꿈을 시각화하고 이미지화하기를 배웠고 동기부여가 됐다. 무의식에 저장한 후 의식화의 과정을 통해 원하는 꿈을 이룬 여러 사례가 내 가슴을 뛰게 했다. 삶에 에너지가 생기면서 꿈을 글로 쓰고 상상하며 살았다. 희망을 품고 싶다면 꼭 읽어보길 바란다.

존 고든, 《에너지 버스》

내 삶의 주인공은 나다. 내 인생의 운전자도 나다. 《에너지 버스》를 읽고 자존감 모임을 만들었다. 에너지 버스의 운전사를 해보고 싶었다. 어떤 사람들과 만나고 어떤 에너지를 주고받느냐에 따라 인생이 바뀐다. 소설 같은 자기계발서다. 주인공 조지의 삶에 내 삶을 투영시키며 읽었다. 불만으로 가득한 삶에 부정보단 긍정이 필요했다. 이 책은 단 며칠만이라도 긍정에너지가 충만한 시간을 선물해줄 것이다.

📖 김상운, 《왓칭》

《왓칭2》도 있다. 지금 소개하는 책은 《왓칭》이다. 자신을 3인칭 시점에서 본 적이 있는가? 나를 보는 내가 또 있다면 어떨까? 행복과 불행도 바라보고 생각하는 관점에 따라 달라진다. 감정과 마음을 관리하며 살아가고 싶을 때 읽으면 좋다. 3인칭 시점에서 좀 더 객관적으로 자신을 바라본다면 조금은 더 담담해질 것이다. 내용이 쉽지만은 않아서 읽는 속도가 느렸던 책이다. 엄마가 된 후, 살아온 삶에 회의를 느낄 때 자기 혁명이란 단어가 눈에 들어왔다. 가장 힘들고 어려운 게 나를 알고 내가 만들어놓은 틀을 깨는 것, 즉 자기 혁명이다. 방황하고 우왕좌왕하던 시간이 어쩌면 누구보다 내 삶의 주인공이 되고 싶어서 했던 행동일 수 있다. 자기계발서를 쓴 저자들이 추천하는 자기계발서다. 자기 혁명을 통한 배움, 그 배움으로 성장하는 엄마가 되길 바란다.

📖 윤소정, 《인문학 습관》

저자는 인생학교 '인큐'의 대표다. 인큐를 경영하며 '나다움'을 정의한다. 신세 한탄만 하지 말고 해결법에 초점을 맞추는 습관을 들여야 한다. 인문학이라고 해서 고전을 읽고 철학을 읽으라고 하지 않는다. 사람을 공부하고 생활 속에서 배우는 인문학을 이야기한다. 책에는 습관을 만드는 방법이 많이 실려 있다. 인생을 '나다움'으로 만들려면 인문학적 습관을 만들어, 생활 속 실천을 통해 이루어질 수 있다고 말한다. '열심히'가 아닌 '어떻게'에 초점을 맞춰 살라는 메시지를 던져준 책이다.

이은대, 《내가 글을 쓰는 이유》

모든 사람의 삶은 글이 될 수 있다. 저자는 보여주기식 글이 아닌, 자신을 위한 글쓰기를 하라 한다. 그 글은 다른 사람에게 희망이 될 수 있다며 글쓰기를 유발한다. 본인이 글을 쓰는 이유를 설명하고, 우리가 글을 써야 하는 이유를 말한다. 문장력이 좋고, 어휘력이 풍부해야만 글을 쓸 수 있다는 편견을 깨트려준 책이다. 내 삶을 있는 그대로 쓰다 보면 치유의 효과도 있다. 치유의 글은 다른 이를 살릴 수 있다. 있는 그대로 글을 쓰면 된다. 글을 쓰고 싶은데 어떻게 해야 할지 모르겠다면 이 책을 읽고 시작해보면 좋겠다.

고바야시 히로유키, 《하루 세줄, 마음정리법》

일기를 쓰기 위해 여러 가지 시도를 했다. 감사일기, 행복 일기 등 하루를 정리하는 글쓰기를 하고 싶었다. 꾸준히 쓰는 데 오래 걸렸다. 간단하게 내 하루와 감정을 정리하는 방법이 없을까? 개그맨 정선희는 '세바시'에서 스트레스와 역경을 세 줄 일기로 이겨냈다고 했다. 간단하지만 잠들기 전 세 가지 질문에 한 줄로 답을 다는 방법이다. 짧은 시간 안에 할 수 있어 좋았다. 자기 전 내 안을 들여다보며 다음 날을 차분함 속에서 시작할 힘을 전해준 책이다. 지금도 세줄 일기는 자기 전 의식처럼 행하는 습관 중에 하나다.

나를 찾아가기

김미선, 《나의 결혼을 후회하지 않기로 했어》

사랑? 결혼? 후회? 왜 결혼하고 엄마가 되면서 '어른 사춘기'를 겪을까? 결혼 후 동반자와의 문제, 아이와의 관계, 육아방식 등은 어릴 적 애착과 연관되어 있다고 저자는 말한다. 상처가 치유되어야 비로소 어른이 될 수 있다. 일반적인 지식 전달이 아닌 사례 기반 소설 형식이다. 각자에게 어떤 상처가 있기에 부부관계가 어려운지, 상처가 대물림 되는지를 이 책을 통해 접근해봤으면 한다.

오은영, 《오은영의 화해》

상처받은 내면아이, 부모와의 관계, 현재 삶이 힘든 당신에게 저자는 내면의 힘을 믿어보라고 말한다. 우린 아프지만 아프지 않은 척 살아간다. 저자는 삶이 불안하고, 버거운 이들에게 자신을 미워하지 말라 한다. 용서하고 화해하며 내 안에 나를 깨울 수 있는 용기를 주는 책이다.

에리카 J. 초피크·마거릿 폴, 《내 안의 어린 아이》

나를 돌보지 않았다. 불쑥 올라온 화는 문제가 있다고 생각했다. 내면에는 상처받은 어린아이가 있다. 그 아이는 자기를 이해하고 안아 달라고 한다. 내면어른이 손 내밀어 아이를 안아줘야 한다. 쉽게 될까? 이 책은 내 안을 들여다보는 방법으로 글쓰기와 내면 대화를 추천했다. 처음부터 쉽지는 않다. 끼적거리다 보면 조금씩 치유되는 느낌이 든다.

익숙해지면 내용이 구체적으로 변한다. 반복되는 이야기(비슷한 사건이나 생각을 쓰게 된다)를 글로 적으면서 그 안에 담긴 고통, 분노, 두려움을 통해 어떤 상처가 있는지 알게 된다. 내면아이가 우리를 치유한다. 내면 치유의 시작이 곧 자존감 찾기다.

📖 마거릿 폴, 《내면아이의 상처 치유하기》

자신을 사랑하고 성장하는 것을 다뤘다. '상처받은 내면아이'는 트라우마와 다른 개념이다. 과거의 기억, 사건 때문에, 내면아이를 알아채지 못했기 때문에 힘들어하며 살았던 것이다. 이 책은 반복적으로 읽었다. 읽다 보니 감정 변화, 심리적 상태가 '나'에서부터 시작한다는 걸 알게 됐다. 다른 사람은 배려하고 아껴주면서 나 자신에겐 그러지 않았다. 내면아이가 얼마나 외로웠을까? 이 책은 읽기 어려울 수 있다. 스스로가 상처받은 내면아이를 얼마나 외면했느냐에 따라 어려움은 더 클 것이다.

📖 존 브래드 쇼, 《상처받은 내면아이 치유》

치유와 관련된 강의를 하거나 수업을 할 때 맨 처음 추천하는 책이다. 노란색 표지 그림이 인상적이다. 어른 몸 안에 어린아이가 들어가 있다. 전공 서적처럼 생겼다. 이 책은 다른 내면 치유책의 표본처럼 느껴진다. 나이에 맞는 치유 훈련법을 알려준다. 몇 권의 책 읽기로 완전한 치유가 되진 않는다. 책으로 내 안을 들여다보면, 조금씩 자신을 대하는 마음가짐이 바뀌는 걸 알게 될 것이다. 외면했던 내면아이를 어느 순간 똑바로 볼 수 있게 된다. 천천히 공부하듯이 읽는다면 마음이 조금씩 편해지는 걸 느낄 수 있다. 이 책을 옮긴 오제은 교수의 《자기

사랑 노트》도 추천한다. 책에 직접 실습할 수 있는 부분이 많다.《상처
받은 내면아이 치유》보다는 좀 더 쉽게 구성되어 있다.

샌디 호치키스,《나르시시즘의 심리학》

　육아의 고충과 삶의 불행을 가족에게 떠넘겼음을 이 책을 읽고
알게 됐다. 나르시시스트는 자기 자신의 문제점을 타인에게 끊임없이
떠넘긴다. 즉 상대방 탓을 하는 투사의 특징을 가지고 있다는 것이다.
책을 읽고 내가 건강하지 않은 나르시시즘이라는 것을 알게 됐다. 내
생각과 감정이 중요한 '자기애적 성격장애'의 특징과 사례가 나와 비슷
했다. "부모의 나르시시즘은 자식에게 반드시 흔적을 남긴다."라는 말
에 정신 차리고, 나르시시즘과 관련된 책을 읽어야겠다고 마음먹었다.

베르벨 바르데츠키,《나는 괜찮지 않다》,《따귀 맞은 영혼》

　《나는 괜찮지 않다》는 여성들이 쉽게 겪는 심리적 문제들을 다
뤘다. 저자는 상담한 환자들을 예로 든다. 폭식증, 거식증, 알코올 중
독 등 중독사례를 통해 여성만이 가지고 있는 나르시시즘의 문제들을
이야기한다. 보기에는 화려해 보이고 자존감 높아 보이지만, 내면은 우
월감, 열등감, 낮은 자존감으로 채워져 있다. 불안정한 심리를 감추고
있다. 자신감이 커 보이지만 쉽게 우울하고 자기비하를 잘한다. 이런
현상의 원인을 '나르시시즘'과 '거짓 자아'에 있다고 한다. 의존성이 강
했던 나는 늘 자신감과 열등감 사이에 힘들어했다. 이 책을 읽고 잘못
된 자기애 형성이 문제일 수 있다는 것을 알게 됐다. 이 책이 제시한 접
근 방법으로 바꿀 수 있다는 희망을 품었다.

　《따귀 맞은 영혼》은 일상 속에서 느끼는 우울, 불안, 분노, 좌절, 수

치심 등 이런 감정들이 어떻게 연관이 되어 있는지 이야기한다. 나 자신을 먼저 사랑하고 세상에 대한 만족감이 생기려면 내면을 들여다봐야 한다. 인간관계를 끊고 자기 동굴 속으로 숨어 들어가는 것은 더 힘든 고통을 준다. 내 마음이 상했다는 것을 상대방에게 고백하고, 적당한 거리를 두며 마음의 상처에서 벗어나는 게 시작이다. 자신의 감정에 대면하는 것, 그것을 시작으로 다른 사람의 감정까지 인정할 수 있다. 옆집 엄마, 신랑, 시어머니의 말에 상처받은 내 영혼을 우리가 돌봐야 한다. 이 책으로 내면의 상처를 돌아보는 시간을 가졌으면 좋겠다.

루이스 L. 헤이, 《치유》

있는 그대로 나를 사랑하라는 말은 아주 쉽지만 실천하기 어렵다. 치유는 나를 있는 그대로 사랑하는 것이라 한다. 자기 수용이란 말이 있다. 자기를 인정하고 받아들이는 것. 자존감을 찾기 위해서, 괜찮은 사람으로 살기 위해서 애썼다. 여러 가지 방법을 시도했지만 잘되지 않았다. 쉬워 보였지만 온전히 나를 사랑하고 인정하기는 힘들었다. 저자가 말하는 단순한 변화가 삶을 바꿀 수 있음을 이제는 안다. 이유 없이 아픈 몸도 마음의 병에 문제일 수 있다.

에크하르트 톨레, 《삶으로 다시 떠오르기》

2008년 《NOW》로 출간된 후 류시화 시인이 재번역하면서 《삶으로 다시 떠오르기》로 다시 출간된 책이다. 현재 우리의 삶을 지배하는 것은 우리 자신이 아니라 말한다. 우리가 가지고 있는 자의식, 에고, 생각 등이 삶과 미래에 큰 영향을 미친다. 이 불행한 삶과 반복되는 슬픔을 멈추고 싶다면 에고와 이별하라. 에고가 내가 아닌 것을 알게 되면, 삶으로 다시 떠오를 수 있다. 바뀐 건 없다. 에고와 이별하는 순간 삶의 행복을 빨리 찾을 수 있는 것이다.

📘 라이언 홀리데이, 《에고라는 적》

《삶에서 다시 떠오르기》를 읽고 에고에 대해 좀 더 알고 싶어 읽은 책이다. 이 책을 읽고 내 안에 엄청난 에고가 있다는 걸 알게 됐다. 나르시시즘과 연결될 수 있는 부분인데, 나 자신이 가장 중요한 존재라고 믿는 것, 남들보다 더 잘해야 하고 행복해야 한다는 생각을 이 책에선 '에고'라고 했다. 저자는 지나친 자의식을 경계하며 자신을 냉철하게 볼 힘을 키우라 조언한다. 어떻게 보면 자기계발서 같지만 '~을 해야 한다'라는 서술은 아니다. SNS에 보이는 이웃들의 행복한 모습에 불행해한다. 사진 뒤에 감춰진 진실도 있을 수 있음을 알았으면 좋겠다.

📘 돈 리처드 리소·러스 허드슨, 《에니어그램의 지혜》

독서 모임을 통해 알게 된 책이다. 나와 아이들의 성향과 기질을 알고 싶었다. 여러 가지 검사가 있지만, 에니어그램을 통한 접근이 개인적으로 도움이 됐다. 나란 존재는 본질과 에고로 구성되어 있다. 이것이 성격으로 나타난다. 우리는 에고가 우리의 본질이라 생각하며 산다. 더 나은 삶, 행복을 위해서는 이 에고를 반드시 짚고 넘어가야 한다. 혹시 혼자 읽기 어렵다면, 독서 모임에서 함께 읽어보기 바란다.

📘 모건 스콧 펙, 《아직도 가야 할 길》

빨리 읽는 게 아까울 정도로 나에게 큰 영향을 준 책이다. 뒤로 갈수록 하루에 딱 두 장씩 읽었다. 책을 옆에 두고 싶었다. 저자가 상담한 사례를 분석한 책이다. 삶은 고해다. 삶은 원래 힘들다는 것이다. 이 것을 인정하고 받아들이면 삶의 고통을 견디는 힘이 생긴다. 문제가 되지 않는다. 아직도 가야 할 길은 멀다. 쓰러지고 일어서기를 반복해야 한다. 이런 삶을 살아가는 데 필요한 것은 무엇일까? 내면의 힘을 키우며 남은 삶을 어떻게 살아가야 할지, 아이에게 무엇을 물려줘야 할지 생각해보면 좋겠다.

안도현, 《연어》

시인이 쓴 동화로 인간의 삶을 연어 삶으로 비유했다. 사랑의 감정, 삶의 투쟁, 사람과의 관계 등 연어와 연어의 삶으로 우리를 투영시키며 읽을 수 있다. 한 편의 시를 읽는 듯한 작가의 문장들은 잔잔한 감성을 끌어 올리게 해준다.

마음 들여다보기

박상미, 《마음아, 넌 누구니?》

저자는 "마음이라는 바다에 일렁이는 감정이라는 파도를 슬기롭게 헤쳐나가는 법을 배워야 한다."고 말한다. 관계에선 거절도 지혜롭게 해야 한다고 말한다. 슬기롭게 거절하기. 남을 탓하는 건 과거에 산다고 했다. 나 자신을 되돌아봤다. "나는 옳고, 너는 틀렸다."라고 말해왔다. 20대 사진을 보며 그때의 나를 현재에서 찾으려 했고 그것을 신랑과 아이 때문에 못 찾는다 생각했다. 이 책 역시 내면아이를 만나 쓰다듬어줄 수 있는 시간을 준 책이다. 작가는 하루에 A4용지 1장씩 글을 쓰면서 감사한 일도 적고 본인이 잘한 일도 적으며 내면을 들여다봤다고 한다. 만족스러운 감정도 행복하다고 한다. 두루뭉술한 감정이다. 1차원 감정을 느끼는 습관을 들여다보고 자신의 감정을 돌봐야 한다. 자신의 마음에 안부를 물어보자.

📖 박용철, 《감정은 습관이다》, 《감정 연습》

《감정은 습관이다》는 감정 습관이 우리 삶에 어떤 영향을 주는지 이야기한다. 감정이 습관일 수 있다는 말이 생소했다. 책을 읽고 난 후 감정도 습관이구나. 그럼 습관을 바꾸면 되겠다고 생각하니 긍정적인 에너지가 감돌았다. 뇌는 익숙한 감정을 유지하길 좋아한다. 평소에 부정적인 감정을 많이 느낀 사람은 긍정적인 감정을 짧게 느낀다고 한다. 뇌가 좋아하는 부정적인 감정으로 오기 위해서다. 감정은 뇌의 속임수일 수 있다. 이 책은 마음을 다스리고, 감정을 조절하기 위한 여러 가지 방법도 소개한다.

《감정 연습》은 감정을 다루기 위해 알아야 할 내용을 트라우마 치료 전문가인 저자의 경험을 바탕으로 쉽게 써놓은 책이다. 일상에서 따라 해볼 만한 방법을 제시하고 있다. 감정의 원인은 내 안에 있다는 것을 잊지 말자. 자신이 느끼는 감정을 인식하고 의식화한다면 감정을 다룰 수 있다. 감정이 모든 문제의 시발점이다. 감정 조절이 잘되면 자존감도 상승한다. 자신감도 생기고 대인관계도 좋아진다. 내 감정에 관심을 가지고 어떤 감정이 어떻게 생겼는지 알아가는 시간을 가졌으면 좋겠다.

📖 롤프 메르클레·도리스 볼프, 《감정사용 설명서》

두 저자는 부부로 둘 다 심리치료사다. 툭하면 화내고, 짜증내고, 스트레스받는 내가 감정이라는 키워드로 검색하다 발견한 책이다. 이 책은 생활 지침서처럼 집에 두면 좋은 책이다. 순간 드는 감정이 어떤 건지를 느끼고 그 감정에 해당하는 부분을 펴서 읽으면 된다. 처음부터 끝까지 읽는 것보다 현재 상황에 맞는 감정이 궁금할 때 찾아 읽으면 좋다. 내 생각이 나를 힘들게 하고, 당연하게 생각했던 것들이 당연하지 않을 수 있음을 알게 됐다.

📖 함규정, 《감정을 다스리는 사람, 감정에 휘둘리는 사람》

내 것 같은, 내 것 같지 않은 감정. 건강하고 행복한 삶을 원한다면 감정부터 다스려야 한다. 감정노동처럼 자신의 감정을 억누르고 타인과 사회가 원하는 감정으로 살다 보면 감정에 휘둘리는 사람이 된다. 억누르는 것이 아니라 제대로 느끼고 인식해서 표현해야 한다. 그런 사람이 '감정을 다스리는 사람'이다. 우리의 감정은 다 옳다. 화내는 감정, 기쁨의 감정 모두 옳다. 하지만, 그 감정의 표현 방법은 옳고 그름이 있다. 감정이 행복하면 우리 삶도 행복하다.

📖 데이비드 폴레이, 《3초간》

부정적인 감정에 빠지지 않는 3단계의 3초 법칙을 알려준다. 상황별 실천법의 내용이 많다. 실천에 대한 거부감이 있는 사람에게 권한다. 부정적인 감정이 쌓이다 보면 넘쳐흐르게 된다. 그 부정적인 감정은 가장 약한 아이에게 가기 쉽다. 밥 먹다가 밥알 흘리는 아이에게, 걸어가며 과자 먹는 아이에게 망설임 없이 화를 분출한다. 감정 조절이 되지 않는다면 3단계 3초 법칙을 시도해보면 좋겠다. 스스로 자신을 의식하고 질문을 던진다. 부정적인 감정이 올라올 때 미소를 지으며 부정순환을 끊는다. 다른 관심사를 찾아 분위기를 전환한다. 나는 여기에 한 단계를 더 추가하고 싶다. 분위기를 전환하기 전에 '내 감정이 어떤지 정확하게 인지하고 말하기'가 필요하지 않을까.

이충헌, 《분노도 습관이다》

분노는 참아야 할까? 터트려야 할까? 화는 참으면 병이 된다고 한다. 그런데 저자는 분노를 터뜨리면 더 큰 분노가 생긴다고 말한다. 분노를 다스리는 법과 일상생활 속 분노가 일어나는 이유에 관해 설명한다. 분노도 하나의 감정이다. 일상 속 감정 조절이 안 될 때, 분노가 치밀어 오를 때 읽어보길 바란다.

손원평, 《아몬드》

소설이다. '감정표현 불능증'은 공포나 두려움 등 감정을 느끼고 표현하기 힘든 정서적 장애다. 이 장애를 가진 소년은 엄마의 학습으로 감정을 배웠다. 한 사건으로 할머니를 잃고 엄마는 식물인간이 됐다. 가족의 슬픔 앞에서도 특별한 반응이 없던 소년은 한 여자를 사랑하게 되고, 친구와의 우정으로 조금씩 사랑, 슬픔 등의 감정을 알아가게 된다. 소년을 통해, 평소 감정을 느끼고 표현할 수 있는 게 얼마나 중요한지 알게 됐다. 감정에 충실해야 한다. 감정을 의식하며 표현하는 것이 마음을 지키는 것이라 생각한다.

자존감 키우기

오소희, 《엄마의 20년》

"나는 너에게 부끄럽지 않을, 나만의 세계를 가꿀 것이다." 아이만 돌보는 것이 아니라, 엄마 자신을 돌보며 자신의 세계를 키우는 것이 엄마 역할의 핵심이라 한다. 일단 아침에 아이가 집을 나서면 아이 방문부터 닫고, 눈썹을 먼저 그리라고 말한다. 눈썹을 그려놔야 운동이든, 독서 모임이든 바로 나갈 수 있다는 것이다. 남성 중심사회와 입시 중심사회에서 자신의 존재를 잃어버린 엄마들. 우리일 것이다. 엄마의 세계를 키우고 싶은 엄마들에게 강력히 추천하고 싶은 책이다.

오소희 작가는 혼자 외롭게 육아와 성장을 하는 엄마들을 위해 '언니 공동체'라는 카페를 만들었고, 현재 많은 엄마들이 온라인으로 활동을 하고 있다.

김미경, 《꿈이 있는 아내는 늙지 않는다》, 《김미경의 인생미답》, 《엄마의 자존감 공부》, 《성장하는 엄마, 꿈이 있는 엄마》

책을 읽기 시작하여 삶의 에너지가 생길 때쯤 김미경 저자의 책과 동영상을 많이 봤다. 《꿈이 있는 아내는 늙지 않는다》는 결혼 후 자신의 꿈을 위해 노력했던 저자의 기술이 담겨 있다. 엄마가 된 후에도 꿈을 잃지 않고 이루어나간 이야기는 큰 자극이 됐다. 가슴을 뛰게 했다. 살아 있음을 느끼게 해줬다. 이 책을 읽고 조금은 이기적인 엄마로 살아도 나쁘지 않겠다는 생각을 했다.

《김미경의 인생미답》은 저자가 평소 품게 된 삶의 질문들을 외면하지 않고 스스로 답을 찾아 적어낸 책이다. 자신의 고민, 걱정, 문제를 들여다보며 내면 안에서 답을 찾기 시작했다고 한다. 세상에서 가장 아름다운 답은 '나를 가장 사랑하는 것, 나 스스로를 지독하게 끝까지 사랑하는 것'이라고. 내가 먼저 나를 사랑해야 한다. 그것이 자존감 찾기의 시작이다.

《엄마의 자존감 공부》는 인덱스를 엄청나게 붙이며 읽을 정도로 크게 공감하고 위로받은 책이다. 자존감이 있는 아이로 키우기 위해서는 자존감 있는 엄마로 커야 한다. 엄마가 자존감이 낮지 않아야 아이를 살릴 수 있다. 엄마로 살아가는 그 시간을 재해석하자. 성장의 시간이라 생각하자. 일과 양육 사이에서 엄마의 자존감을 찾으며 힘을 내라는 긍정의 메시지를 주는 책이다.

《성장하는 엄마, 꿈이 있는 엄마》를 읽고 위로를 받았다. 엄마가 행복해야 아이도 행복하다. 예전에는 이 말이 싫었다. 이제는 이 말밖에 없다고 확신한다. 저자는 자신의 어릴 적 상처와 엄마가 되고 난 후 부딪히는 감정들로 자신을 잃었다고 생각한다. 새로이 꿈을 꾸고 엄마의 삶을 재정비한다. 엄마의 긍정적인, 주체적인 삶이 아이 삶의 나침판이 될 거라 말한다. 이 책을 읽으면 동병상련 같을 것이다. 엄마 삶에 지친 여러분께 추천한다.

메그 미커, 《엄마의 자존감》

엄마의 삶을 행복하게 해주는 자존감 회복 지침서다. 자존감을 회복하고 성장시켜야 양육도 편해진다. 작가는 상담한 사례와 연구를 통해 열 가지 실천법을 소개했다. 열심히 엄마 노릇을 하는데 왜 이리 우울하고 불안할까? 옆집 엄마와 자신을 비교하면서 자책하는 엄마,

잘못된 일들이 모두 자신의 탓인 것처럼 죄책감을 느끼는 엄마에게 이 책을 추천한다.

📖 이무석, 《자존감》

우리는 우리 자신을 어떻게 생각할까? 열등감에 사로잡혀 힘들어하는 사람들이 많다. 자신을 낮게 생각한다. 타인과의 비교를 통해 열등감을 느낀다. 자존감이 낮다. 저자는 열등감과 자존감은 자신을 어떻게 생각하고 바라보느냐에 따라 달라진다고 말한다. 평소 자신을 바라보고 느끼는 시간을 가져야 한다. 자존감을 회복시켜 스스로를 위로해주면 욕심은 줄고 꿈을 꾸는 힘은 커질 수 있다.

📖 박웅현, 《여덟 단어》

《책은 도끼다》를 쓴 저자의 인생에 관한 책이다. 인생에 정답은 없다. 정답과 오답이 공존하는 게 인생이다. 저자는 "삶의 기준을 내 안에 두고 살아라."라고 말한다. 스스로 느끼며 자신만의 방식대로 인생을 사는 것이다. 고전에 관심을 가지고 그림, 음악, 책, 사람들을 통해 우리의 인생을 되돌아보게 한다. 남들과 다르다는 이유로 자존감을 낮추며 살았던 내겐 많은 도움이 됐다. 내가 느끼고 바라보는 세상이 틀리지만은 않았다는 것을 알려주어 위로를 받았다.

📖 슈테파니 슈탈, 《심리학, 자존감을 부탁해》

툭하면 상처받고, 나를 의심하고, 실수하면 자책하며 마음을 아프게 했다. 이 책을 통해 자존감 결핍이 원인이라는 것을 알게 됐다. 자존감은 우리의 감정과 기분에 영향을 준다. 마음의 병은 몸도 아프게 한다. 이 모든 것들을 해결할 수 있는 사람은 오로지 나 자신뿐이다. 이 책은 불안을 이겨내면서 자존감을 찾는 과정을 다루었다. 심리학적으로 나를 사랑하는 법과 상처받지 않는 인간관계도 이야기한다.

김태형, 《가짜 자존감 권하는 사회》

차, 명품, 집 등 눈에 보이는 것들이 자존감을 나타낸다 생각했다. 아이를 잘 키우는 게 진짜 자존감이라며 육아에 집중했다. 이 책을 통해 내가 제대로 된 자존감을 몰랐다는 걸 알게 됐다. 왜 이 사회는 가짜 자존감을 권하는지, 사회적 측면으로 자존감에 접근했다. 진짜 자존감을 찾고 타인을 보듬을 줄 아는 사람이 되어야겠다는 마음이 드는 책이다.

이승욱, 《포기하는 용기》

포기하지 못했다. 내려놓기가 잘되지 않았다. 포기하는 용기가 곧 나의 자존감을 찾는 방법의 하나였다. 저자는 '무조건 열심히 살다 보면 언젠가는 성공할 것이다.'라는 말에 의문을 품으라고 한다. 희망 고문처럼 쓸데없는 희망을 품고 사는 것보다 그 욕망을 포기하는 것이 진정한 나 자신을 만날 수 있다는 것이다. 늘 불안하고 나 자신을 싫어하는데, 타인의 조건과 만족에 자기 자신을 맞추기 때문에 더 힘든 것이라고. 포기한다는 것은 나를 아끼지 않는 게 아니다. 이 책이 말하는 포기는 세상이 만들어놓은 틀을 포기하고 자신만의 틀을 만드는 것이라며, 진짜 나와 만나기 위해 용기를 내보라고 말한다.

김수현, 《나는 나로 살기로 했다》

온전한 나로 살기 위해선 무엇이 필요할까? 내가 누군지 모르고 사는 사람들에게 '나'를 느끼는 시간을 가지게 해준 책이다. 삶의 중심을 잃고 힘들어하는 사람들, 남의 시선과 말에 상처받는 사람들, 나답게 살아가기 힘든 사람에게 이 책을 추천한다. 제목처럼 우리는 나답게 살았으면 좋겠다.

글배우, 《오늘처럼 내가 싫었던 날은 없다》

저자가 직접 만난 사람들의 고민을 바탕으로 쓴 책이다. 누구나 가지고 있을 법한 고민에 관한 생각을 다뤘다. 의미 없는 위로보다는 각자의 자존감을 성장시켜 내면의 힘을 키워 보라 한다. 오랫동안 쌓아놓은 상처를 꺼내 보듬어줘야 한다. "그래, 괜찮아. 지금도 충분해."라는 말이 귓가에 맴돌았다. 에세이 형식답게 부드러운 어조로 공감을 일으켰다. 부정적이고 어두운 내용인 줄 알았다. 제목과 반대의 분위기다. 읽을수록 위로받고 마음이 따뜻해지는 책이었다.

조유미, 《나, 있는 그대로 참 좋다》

마음이 편안해지는 그림과 메시지를 담은 에세이다. 편하게 누워 책장을 넘길 수 있다. 책장을 넘길 때마다 내 마음을 토닥거려주는 듯했다. 부족한 건 많지만 충분히 잘하고 있다고 말해줬다. 보여주시기식이 아닌 진정한 자신의 모습으로 살라고 한다. 자존감 책들의 공통점은 '나답게'인 것 같다.

에밀리 에스파하니 스미스, 《어떻게 나답게 살 것인가》

저자는 심리학자다. 회복 탄력성, 즉 긍정에너지가 있는 이들을 연구하여 '행복을 좇는 사람들이 오히려 불행해진다'는 결과를 얻었다. 각자 생각하는 의미 있는 삶을 살아가는 것이 행복의 열쇠라고 말한다. 자존감을 찾기 위해 애썼던 나 역시, 나답게 사는 것이 삶의 가장 빠른 행복임을 알게 됐다. 행복하게 사는 게 나답게 사는 것이 아니다. 이 책을 읽고, 나는 어떤 의미로 삶을 살아야 나답게 살 수 있는지를 생각해 봤으면 좋겠다.

임택, 《마을버스 세계를 가다》

가족을 먹여 살리고 부양하느라 자신의 꿈을 펼치지 못한 저자는 중년의 나이에 마을버스 12번과 함께 세계여행을 시작했다. 60km로 제한된 버스의 속도제한 장치를 풀고 버스도, 저자도 세계여행 길에 올랐다. 온갖 역경을 딛고 남미에서 세계의 심장 타임스퀘어까지 버스와 함께한 이야기는 가슴을 뛰게 했다. 버스는 120km 속도로 한계에 도전하며 세계를 달렸다. 저자는 피부병, 도난, 입국 금지 등의 어려움을 이겨냈다. 그와 버스의 인생이 참 많이 닮았다. 열심히 다른 이들을 위해 살다가 늦은 나이에 새로운 꿈을 가지고 도전한다는 내용은 가슴을 뛰게 했다. 한 번뿐인 내 인생, 하고 싶은 것도 하며 살아야겠다는 다짐을 하게 됐다.

내 삶에 감사하기

헨리 데이비드 소로, 《월든》

소로는 월든 호수에서 집을 짓고 2년 2개월 2일간을 숲에서 살았다. 스스로 집을 지으며 느낀 자연의 힘, 인생의 지혜, 작은 행복에 대해 자연과 함께하며 느낀 것들을 적어놓았다. 더 많이 가지고, 더 많이 있어야 행복한 현대인에게 저자는 자연과 함께 간단한 의식주만으로도 행복함을 느낄 수 있다고 말한다. 필사를 통째로 하고 싶을 만큼 월든의 구절은 자본주의에 지친 우리를 위로해주고 힘을 줬다. 타인과의 비교와 현재 삶을 만족하지 못한 사람에게 권한다.

노자, 《도덕경》

남에게 보여주기 위해 가짜 자존감을 채우는 사람, 물질만능주의에 빠져 더 많이 가지고 싶은 사람을 위로해주는 고전이다. 타인과의 비교, 다른 이들의 조언 등 사회적 인간관계에서 느껴지는 삶의 불만족을 《도덕경》을 필사하면서 다스릴 수 있었다. 매일 한편씩 노트에 옮겨 적었다. 내 생각도 함께 적었다. 잊고 있었던 내 삶의 환경과 사람들, 소중함과 행복은 항상 옆에 있다는 것을 깨닫게 해준 책이다.

이계삼, 《고르게 가난한 사회》

지금 우리가 사는 사회는 고르게 가난한 사회일까? 아니면 고르게 풍요로운 사회일까? '고르게'란 단어를 빼면 가난하기도, 풍요롭기도 한 사회다. 우린 균형을 잃고 갈팡질팡하며 내 기준이 아닌 다른 이의 기준에 맞춰 살아가고 있다. 박근혜 정권 5년 후를 예견했던 저자는 밀양 송전탑 반대를 주민들과 함께 외쳤다. 사회를 비판하며 이런 사회 속에서 고르게 가난한 사회가 되길 바란다. 나에겐 "앞으로 살아가야 할 세상이 그리 어둡지만은 않은 날이겠구나." 하는 감사함을 느끼게 해준 책이다.

신영복, 《감옥으로부터의 사색》

저자는 20년간 수감생활을 했다. 수감생활 중 알게 된 인생의 의미, 삶을 바라보는 시선 등을 200여 편의 편지와 글로 적었고 이를 엮은 책이다. 휴지에 글을 쓰며 살아 있음을 느꼈다고 한다. 가족에게 보내는 편지는 몸은 비록 감옥에 있지만, 마음은 가족과 함께하고 있다는 생각을 들게 했다. 잠깐 비치는 감옥의 햇살에 글을 쓰며 사색했다는 글귀는 나를 겸손하게 했다. 언제든지 편하게 책을 보고 글을 쓸 수 있는 내 삶의 소중함을 알게 해준 책이다.

박노해, 《다른 길》

티베트에서 인디아까지 지도에 나오지 않는 마을을 지나며 만난 사람들의 사진과 저자의 짧은 글이 담긴 책이다. 자신만의 별의 지도를 믿으며 남들과 다른 길을 가는 저자의 삶을 닮고 싶다. 가진 건 없지만, 매일 전쟁터 같은 삶 속에서도 웃고, 감사해하며 사는 사람들을 보며 나 자신을 반성하게 됐다. 결핍이, 부족함이, 욕심 때문에 생기는 건 아닐까? 알지만 잘되지 않는 것들. 충분한 삶을 감사해하며 욕심을 버릴 수 있게 만든 책이다.

📖 김희수, 《낮출수록 커지는 삶의 지혜 겸손》

겸손이 뭘까? 남들의 칭찬 앞에 "아니에요.", "별말씀을요."라고 말하는 게 겸손일까? 책을 읽을수록 나 자신이 불완전한 존재임을 알게 됐다. 내면을 들여다볼수록 겸손해지는 경험을 했다. 이 책은 홍 대리 시리즈처럼 내용이 전개된다. 회사를 배경으로 은인 같이 돕는 이가 나타난다. 낮추는 것은 작고 약해서가 아니다. 허영심을 버리고 자신을 낮추는 겸손은 삶의 큰 지혜를 가져다준다. 겸손의 자세로 행복을 찾고 싶다면 읽어보길 바란다. 편안하게 읽기 좋은 책이다.

• • •

책과 함께하는 시간이 오래되다 보면 추천 책보다 본인만의 흐름대로 책을 고르게 된다. 꼬리에 꼬리를 무는 것처럼, 읽고 싶고, 읽어야 할 책이 늘어난다. 한 분야의 책이 차고 넘치면 자연스럽게 다른 분야에 관심을 두게 된다. 혹시 책 읽기가 편식처럼 한쪽에 치우쳐 있더라도 너무 걱정하지 마라. 언젠가는 파도타기처럼 넘어갈 것이다.

책과 함께하는 삶

양쪽 베란다 문을 열어야 할 만큼 더워졌습니다. 발이 시린 겨울날 초고를 썼습니다. 계속 저와의 싸움이었습니다. 인내와 고통, 쾌락과 성취감.

두 번째 책을 쓰면서 저 자신을 의심했습니다. "7년간 책과 함께 한 삶을 드러내도 괜찮을까?"

"책 읽기를 내세워도 될까?" 스스로 질문을 던졌습니다.

질문에 대답했지요. "그러면서 계속 쓰고 있잖아. 책을 읽으며 단단해진 내면의 힘을 믿고 쓰잖아. 시키지 않아도 한다는 건, 분명 이유가 있을 거야."

평범하고 싶었던, 지극히 평범했던 엄마가 두 권의 책을 썼습니다. 제가 살아온 삶이 증명한다 생각합니다. 책의 힘은 위대하고, 삶을 바꾸고, 행동하게 한다고.

저는 제 책이 여기저기 피어있는 민들레 홀씨였으면 좋겠습니다. 바람을 타고 날아가 여러분에게 희망을 전해주는 홀씨 하나였으면 합니다. 언제든지 손 내밀어 볼 수 있는 책을 쓰고 싶었습니다.

어렵게 쓰라고 해도 쓸 수 없습니다. 경험을 바탕으로 책의 힘을 이야기하니깐요.

평범하지만 생명력이 긴 민들레처럼, 홀씨가 꽃이 될 때까지 여러분과 함께하고 싶습니다.

이 책이, 서서 밥을 먹는 엄마에게 여유를 주길 바랍니다. 육아로 자신을 잃어가는 엄마에게 색깔을 입혀주길 바랍니다. 한글일찍 된 옆집 아이 때문에 불안한 엄마에게 안정제가 되길 바랍니다.

모든 불행이 '너' 때문이라고 말하는 엄마에게 아니라고 말해주는 선생님이 되길 바랍니다.

책이 독이 되지 않게, 항상 제 안을 들여다보며 더불어 성장하고, 행복해지는 삶을 살도록 노력하겠습니다. 책을 열심히 봐서 책을 못 보는 사람이 되질 않겠습니다. '욕심과 해야 함'을 구별하는 사람이 되겠습니다. 아이를 품고 세상 밖에 나와 엄마의 위대한 힘을 보여주고 싶습니다.

그 길, 여러분도 함께하길 바라봅니다.

에너지 CEO 홍작가 홍보라

Thanks To.

책을 읽고 쓰며 살아갈 수 있게,

든든한 버팀목이 되어 주는 나의 동반자.

엄마의 또 다른 직업인 작가를 응원해주는 아이들.

책을 읽으며 함께 독서 모임을 하는 사람들.

내 삶이 그들에게 좋은 영향을 준다고 말해주는 사람들.

에너지를 함께 충전하고 나눠 주는 이들에게 감사함을 표한다.

"책"이라는 네모난 물건에 가장 큰 고마움을 표현하고 싶다.

언제나 그 자리에 머물고 내 손을 기다리는 너,

참 고맙다고…….